Religionen, Religiosität und christlicher Glaube

Eine Studie

Gütersloher Verlagshaus
Gerd Mohn

Herausgegeben im Auftrag des Vorstandes der Arnoldshainer Konferenz (AKf) und der Kirchenleitung der Vereinigten Evangelisch-Lutherischen Kirche Deutschlands (VELKD) von der Geschäftsstelle der Arnoldshainer Konferenz und dem Lutherischen Kirchenamt Hannover.

Die Deutsche Bibliothek – CIP-Einheitsaufnahme

Religionen, Religiosität und christlicher Glaube:
eine Studie / [hrsg. im Auftr. des Vorstandes
der Arnoldshainer Konferenz (AKf) und der Kirchenleitung
der Vereinigten Evangelisch-Lutherischen Kirche
Deutschlands (VELKD) von der Geschäftsstelle der Arnoldshainer
Konferenz und dem Lutherischen Kirchenamt Hannover]. –
3. Aufl. – Gütersloh: Gütersloher Verl.-Haus Mohn, 1993
ISBN 3-579-01959-7
NE: Arnoldshainer Konferenz

ISBN 3-579-01959-7
3. Auflage, 1993

Umschlagentwurf: Dieter Rehder, B-Kelmis
unter Verwendung eines Fotos:
Kunstgußrelief »Religionen der Welt«;
Ideenkonzeption und Motivauswahl: Kurt Weber,
künstlerische Gestaltung: Karl Franke
gefertigt in der Kunstgießerei Buderus, Hirzenhain.
Gesamtherstellung: Clausen & Bosse, Leck

Gedruckt auf chlorfrei gebleichtem Werkdruckpapier

Printed in Germany

Inhaltsverzeichnis

Vorwort

Die Frage nach dem Verhältnis von christlichem Glauben und nichtchristlichen Religionen ist nicht nur von akademischem Interesse. Die wachsende Präsenz von Menschen nichtchristlichen Glaubens, vor allem von Muslimen in unseren Städten, in Schulen, in Kindergärten, in der Nachbarschaft, stellt eine unmittelbare Herausforderung für die christliche Gemeinde und jeden einzelnen Christen dar. Wir sind auf diese Herausforderung nur ungenügend vorbereitet.

Das hat viele Gründe. Zunächst fehlt es sicher an gründlicher Information. Auch mag die andere, die fremde Religion verunsichern. Vor allem aber mangelt es an Klarheit über den eigenen Glauben und seine vielfältigen, positiven wie negativ-kritischen Beziehungen zu anderen Religionen. Der evangelischen Theologie ist es bisher nicht gelungen, diese Vielfalt der Wahrnehmung anderer Religionen durch den Glauben so aufzunehmen, daß daraus Impulse für die Begegnungen und Dialoge hervorgehen konnten. Statt dessen haben bestimmte Schlagworte wie »nichtreligiöse Interpretation biblischer Begriffe« (D. Bonhoeffer) oder der Satz »Religion ist Unglaube« (K. Barth) eine große Wirksamkeit erlangt. Religion konnte zu etwas Anrüchigem werden. Diese theologische Situation hat das Gespräch mit anderen Religionen verständlicherweise ebensowenig gefördert wie jenes verbreitete Bewußtsein, das alle Unterschiede und Gegensätze zwischen den konkreten Religionen zugunsten eines konturenlosen Allgemeinbegriffs von Religion einebnet. So wurde auch eine sachgemäße Wahrnehmung der in den sogenannten Jugendreligionen zutage tretenden Phänomene behindert.

Im Jahre 1984 haben der Vorstand der Arnoldshainer Konferenz und die Kirchenleitung der Vereinigten Evangelisch-Lutherischen Kirche Deutschlands beschlossen, eine gemeinsame Arbeitsgruppe zu bilden, die das Verhältnis von Religiosität, Religionen und christlichem Glauben erörtern sollte. Von Ende 1985 bis 1989 hat die Arbeitsgruppe eine Studie erarbeitet, die von den beiden auftraggebenden kirchlichen Zusammenschlüssen entgegengenommen worden ist und hiermit der Öffentlichkeit übergeben wird. Wir hoffen, daß diese Studie das Nachdenken über das Verhältnis von christlichem Glauben und anderen Religionen fördert und zu sachgemäßem Verhalten Anregungen gibt.

Landesbischof
Prof. Dr. Gerhard Müller,
Leitender Bischof
der Vereinigten
Evangelisch-Lutherischen
Kirche Deutschlands

Kirchenpräsident
D. Helmut Spengler, Darmstadt
Vorsitzender
der Arnoldshainer
Konferenz

Einführung

1. Fragestellung

Am 18. 12. 1984 beschlossen der Vorstand der Arnoldshainer Konferenz und die Kirchenleitung der VELKD, daß das Verhältnis des christlichen Glaubens zu den außerchristlichen Religionen zu einem Thema ihrer gemeinsamen theologischen Arbeit gemacht werden solle. Die daraufhin gebildete Arbeitsgruppe trat am 10.12.1985 in Hannover zu ihrer konstituierenden Sitzung zusammen. Das Arbeitsvorhaben war in einer Vorlage mit dem Titel »Religiosität, Religionen und der christliche Glaube – Theologische Grundsätze und Darstellung an Fallbeispielen« beschrieben.

Zwei Beobachtungen waren für den Beschluß, eine Arbeitsgruppe einzurichten, ausschlaggebend: zum einen das religiöse Gewicht der islamischen Gastarbeiter in unserem Land und zum anderen der Tatbestand, daß sich D. Bonhoeffers Ankündigung eines »religionslosen« Zeitalters offensichtlich nicht erfüllt hatte. Wir leben in der zweiten Hälfte des 20. Jahrhunderts in einer zunehmend für religiöse Strömungen offenen Zeit. Freilich ist das, was auf diesem »bunten Markt« angeboten wird, sehr verschiedenartig. Zahlreiche Einflüsse aus Indien, Japan oder Südamerika kreuzen sich. Wo soll hier von Religion oder von Religiosität gesprochen werden? Zu dieser begrifflichen Schwierigkeit kommt hinzu, daß evangelische Theologie und Kirche unvorbereitet und ungerüstet sind für eine Begegnung mit anderen Religionen.

Diese Fragen sollten nach der Vorlage in der Arbeitsgruppe »grundsätzlich reflektiert und allgemein verständlich an Fallbeispielen dargestellt werden«. Damit war eine nahezu unlösbare Aufgabe gestellt. Eine »grundsätzliche Reflexion« und eine »allgemeinverständliche Darstellung« schließen sich in diesem Falle aus. Es geht ja um Sachverhalte, die zunächst einmal in ihrer realen und ihrer theologischen Bedeutung erfaßt werden müssen. Erst wenn das geschehen ist, kann man sie gemäß der Vorlage in die Sprache von »Betroffenen auf Schul- und Gemeindeebene« übertragen.

In der Arbeitsgruppe hat ausgehend von Referaten eine gründliche Diskussion der Sachfragen stattgefunden. Mit dieser Studie legen wir die wesentlichen Ergebnisse der Diskussion vor.

Wir sehen unsere Aufgabe vor allem darin, das Verhältnis der verschiedenen Religionen, die in Westeuropa je mit ihrem Wahrheitsanspruch auftreten, zum christlichen Glauben so weit zu klären, daß die Leser erkennen können, worum es in einer solchen Begegnung von religiösen Wahrheitsansprüchen in unseren Gemeinden eigentlich geht. Kann man – wie Nicolaus von Cues nach der Eroberung Konstantinopels 1453 meinte – einen Frieden der verschiedenen Religionen anstreben oder auch nur für möglich halten? Davon sind wir heute weiter als je entfernt. Wir brauchen nur an die »Islamische Bewegung« zu denken, deren eines Leitungsgremium seit 1983 in London sitzt, um den Islam in Europa auszubreiten. Wir brauchen auch nur an die blutigen Kämpfe von Hindus und Muslimen in Indien oder an die unüberschreitbaren Gegensätze zwischen Hindus und Sikhs zu erinnern. Der Libanon mit seinem nun schon fast 15 Jahre währenden Bürgerkrieg und mit den Auseinandersetzungen, die auch im Gegensatz zwischen Christen und Muslimen ihre Ursache haben, ist ein weiteres Beispiel. Das Aufeinanderprallen der Religionen in allen Kontinenten läßt die Möglichkeit einer friedlichen Verständigung der Religionen als gering, die Notwendigkeit aber, Wege zu einer Aufgeschlossenheit der Religionen füreinander zu suchen, als äußerst wichtig erscheinen.

Aber wir müssen auch sagen, daß die Urteilsfähigkeit von christlichen Theologen und Gemeinden in Fragen der Religionen meist beschämend gering ist. Wie wollen wir in unseren Gemeinden und Schulen mit Muslimen sprechen, wenn wir den Islam nicht kennen? Die meist zufälligen Informationen aus dem Fernsehen oder den Zeitungen reichen hier nicht aus. Die Erkenntnisse der Religionswissenschaft werden im Theologiestudium oft nicht genutzt, weil Religionsgeschichte kein Prüfungsfach ist. So bleibt die Kenntnis der außerchristlichen Religionen auch unter evangelischen Theologen in der Regel unzulänglich; mit der Urteilsfähigkeit kann es dann nicht besser stehen.

2. Zielbestimmung

Nach der oben erwähnten Arbeitsvorlage für die Arbeitsgruppe »Religionen, Religiosität und christlicher Glaube« sollte ihre Zielbestimmung an der »Erklärung über das Verhältnis der Kirche zu den nichtchristlichen Religionen« (*Nostra aetate*) orientiert sein, die das II. Vatikanische Konzil am 28.10. 1965 verabschiedet hat. Diese »Erklärung« hat auf dem Konzil eine lange Geschichte gehabt, da sie ursprünglich (Juni 1962) nur gegen den Antisemitismus gerichtet war. Sie mußte dann in mehrfacher Umarbeitung auf die nichtchristlichen Religionen abgestellt werden, unter denen das Judentum eine zentrale Stellung erhielt.

Die vatikanische »Erklärung« zu den nichtchristlichen Religionen spricht die Sprache aller Entscheidungen, die *ex cathedra* autoritativ verkündet werden können. In dieser Hinsicht ist die »Erklärung« von uns aus nicht weiterzuführen. Wir müssen unser Ziel vielmehr argumentierend zu erreichen suchen.

Inhaltlich ist in Art. 2 der »Erklärung« von 1965 zu den großen indischen Religionen, in Art. 3 zum Islam und in Art. 4 zum Judentum Stellung bezogen. Dabei ist diese Abfolge durchaus als eine Stufung verstanden: In Art. 2 wird zum Hinduismus und Buddhismus mit dem theologischen Begriffsarsenal der *revelatio generalis* (»allgemeine Offenbarung«) gearbeitet (2.1) und dazu deutlich gemacht, daß die katholische Kirche »von alledem, was in diesen Religionen wahr und heilig ist« nichts ablehnt, es vielmehr mit »aufrichtigem Ernst« betrachtet, und dabei »unablässig Christus verkündet« (2.2). In Art. 3 wird der Muslim »mit Hochachtung betrachtet« wegen seines Monotheismus und weil der Koran Abraham, Jesus und Maria ebenso verehrt, wie er den Tag des Gerichts fürchten lehrt (3.1). Darum soll man alle früher geschehenen Feindschaften gegenüber dem Islam begraben, sich um gegenseitiges Verstehen bemühen und gemeinsam für »Frieden und Freiheit für alle Menschen« eintreten (3.2). In Art. 4 wird das Verhältnis zum Judentum zentral von Röm 11 aus erörtert und das gemeinsame Erbe von Judentum und Christentum als Hintergrund der klaren Abgrenzung gegen alle Ausbrüche des Antisemitismus zitiert. Der Art. 5 weitet diese Grundlage zu den Religionen aus und verurteilt »jede Diskriminierung eines Menschen oder jeden Gewaltakt gegen ihn um seiner Rasse oder Farbe, seines Standes oder Religion willen, weil dies dem Geist Christi widerspricht« (5.3). Damit endet die Erklärung in eindrucksvoller Allgemeinheit, die für die Sache freilich wenig hilfreich ist.

Das Ziel , zu dem die Erklärung in allen Teilen tendiert, die religiösen Zäune zwischen »wahrem« Christentum und »falschen« Heidentümern abzubauen und die Wege für gemeinsames Gespräch, Zusammenarbeit und zumal für Achtung füreinander zu weisen, muß allerdings unsere volle Zustimmung finden. Dieses Ziel suchen auch wir zu erreichen. Ausgehend von begrifflichen Verständigungen über Religionen und Religiosität (Kap. I) stellen wir nebeneinander einige neureligiöse Bewegungen der Gegenwart vor (Kap. II) sowie die Eigenart der in Europa missionierenden Religionen (Kap. III). In diesem Zusammenhang werden Beispiele interreligiöser Existenz und Praxis dargestellt. Diese Darstellungen führen auf einen letzten Teil zu, in dem, auf dem biblischen Hintergrund aufbauend (Kap. IV.1), die besondere Stellung des christlichen Glaubens im Kreise der Religionen nach seinem Standort (Kap. IV.3) wie nach seinem sachlich geforderten Handeln (Kap. IV.4) erörtert wird. Diese Überlegungen führen als Antwort auf die Herausforderungen der Religionen zu dem dreifachen, der Kirche aufgegebenen Handeln als Mission, Dialog und Konvivenz.

I. Was ist mit »Religionen« und »Religiosität« gemeint?

Man kann unter den Religionen wie unter der Religiosität sehr Verschiedenes verstehen. Was wir als allgemein anerkannt voraussetzen können, ist die Einsicht, daß es keine zureichende Definition von Religion gibt bzw. geben kann. Wir verständigen uns daher über das, was uns in den Religionen selbst entgegentritt, ohne eine Definition zu suchen. Die Verständigung erfolgt in einer generellen Beschreibung, deren Ziel es ist, von den in den Religionen auftretenden Phänomenen möglichst wenige auszuschließen.

1. Die Religionen und die Religiosität

a) Die Religionen

Religionen haben ihren Ursprung in der Erfahrung einer Gotteszuwendung. Sie gehen zurück auf Epiphanien eines Gottes oder einer göttlichen Macht, die sich kontingent manifestieren. Mohammed z. B. wird von Allah am Berge Hira ebenso überrascht wie Mose von Jahwe im brennenden Dornbusch am Gottesberg. Auf ein solches Grundereignis beziehen sich die Religionen als ihr heilvolles »Einmal« zurück. Dieses Geschehen, das am Anfang der Religionen steht, greift in das Welt- und Selbstverständnis des Menschen verändernd ein. Seine Wieder-holung – nämlich die Einholung des Gottes ins Leben – führt zur Institutionalisierung. Religionen sind konstituiert, wo die göttliche Kontingenz des Urereignisses so in menschlich realisierbare Lebens- und Praxis-

Zusammenhänge – wie Kult und Mythos, Leben und Sitte – überführt ist, daß diese auf Dauer gestellt und zu einem dem einzelnen Subjekt vorgegebenen sowie intersubjektiv verbindlichen Orientierungsrahmen stabilisiert sind.

Die göttliche Zuwendung als Ursprung einer Religion geschieht im Zusammenhang und in bezug auf eine bestimmte Zeit und einen bestimmten Ort. Das heißt aber, daß sich die göttliche Zuwendung in einen kulturellen Horizont einläßt, der sie zugleich kulturell gestaltet und prägt. Erst in solcher unvermeidbaren Verbindung mit der sie umgebenden Kultur – d. h. stets ebenso kulturell bestimmt wie kulturbestimmend – gewinnt Religion ihre geschichtliche Wirklichkeit. In dem Maße, wie eine Religion kulturell und damit gesellschaftlich institutionalisiert ist, wird sie geschichtsmächtig, nämlich ebenso geschichtsfähig wie geschichtswirksam. In diesem Vorgang der kulturellen Ausformung des Grundereignisses, die zu ihrer Wirklichkeit als Religion gehört, wird jenes Grundereignis wahrgenommen, aber eben auch abgewandelt. Seine Aneignung ist auch seine Abwandlung. Dies bedeutet sowohl Inkulturation wie auch Veränderung des Grundereignisses. Die Religionen verwirklichen sich in vierfacher Lebensgestalt:

1. In der Zuwendung Gottes als Einheit wird die Zerfallenheit des menschlichen Selbst durchsichtig; dem Weltentfremdeten wird die Welt eröffnet. Zweiseitig ereignen die Religionen das *Heil*: Gottesgewinn ist Selbstgewinn wie Weltgewinn.

2. Religionen geschehen als *Kult*, und zwar als Wiederholung des Grundereignisses, dem der Mensch in seiner Selbstzentriertheit entgegensteht. Die Mitte allen Kultes ist daher das Opfer. Alles Opfer ist aber im Grunde Selbst-Opfer. Nur seine Entartung lautet: »*do ut des*« (»ich gebe, damit du gibst«). Opfer im tiefsten Sinn geschieht dort, wo Gott dies Opfer auf sich nimmt, weil der Mensch es nicht zu leisten vermag. »Das Leben bleibt nur durch das Sterben wach«, ist die Quintessenz der Religion.

3. Die Religionen nehmen Lebensgestalt als *Frömmigkeit*, d. h. als sittliche Ein-Gestaltung des Grundereignisses an. Die Religionen leben nicht anders denn als diese Ein-Gestaltung, in der sie ihre Lebensmächtigkeit erweisen und ihre Welt-Gestalt finden.

4. Die Religionen ereignen für Welt und Menschen die *»letzten« Dinge.* Religiöses Geschehen ist als solches »letztgültig«. Es geht nicht um Antizipation, denn das »Letztgültige« ist unteilbar. Es ist im religiösen Akt anwesend: Die Gegenwart ist die religiöse Zeit – und nicht die Zukunft.

Die Religionen geschehen als heilswirksames, kultisches, frommes wie eschatologisches Gelingen in bezug auf das Selbst wie in bezug auf die Welt. Sie »sind« diese vier Ereignisse stets zugleich, wenn auch ihr Gewicht variieren kann. In diesen vier Ereignissen entfaltet sich die Gottesepiphanie in die menschlichen Kulturen hinein.

b) Die Religiosität

Die Annahme, daß es zum Menschen als Anlage oder Idee gehöre, religiös zu empfinden oder religiöse Vorstellungen zu haben, ist sehr alt. Sie beruht auf der Beobachtung, daß »kein Volksstamm so barbarisch« ist anzunehmen, es gebe keine Götter, wie Cicero das ausdrückte (*De natura deorum* I, 1. II, 12 u.ö.). In der Neuzeit hat F. Schleiermacher die Religiosität als menschliche Anlage auf Grund des Bewußtseins des Nicht-aus-sich-selbst-Seins erfaßt, hat E. Troeltsch die Religiosität im Sinne eines religiösen *a priori*, d.h. als von außen völlig unbeeindruckte Transzendentalität des Menschen zu beschreiben gesucht und hat W. Herrmann in dem »Gefühl der eigenen Nichtigkeit« den Ansatz der Religiosität zu finden gemeint.

Es scheint unabweisbar zu sein, daß im Horizont des Vermögens, Konkretes und Prinzipielles unterscheidend aufeinander zu beziehen, vielfältige Schwellen- und Grenzerfahrungen, Erlebnisse von Lebens- und Sinnkrisen, Widerfahrnisse physischer, gesellschaftlicher und kosmischer Abhängigkeiten, schließlich das Bewußtsein unaufhebbarer Endlichkeit und Sterblichkeit beim Menschen sich in zweifacher Weise gestalten: einerseits als das Gefühl der Bedrohtheit und Nichtigkeit seiner selbst wie seiner Welt und andererseits als das ahnende Bewußtsein einer unerschwinglichen Sinnganzheit. Religiosität besteht anthropologisch also im Zusammenspiel von radikaler Negativitätserfahrung und Transzendenzverwiesenheit. Dieses Zusammenspiel artikuliert sich konkret in der Frage nach einem letzten Halt im zerfallend Vorläufigen bzw. nach einem maßgebend Positiven angesichts des permanenten Zerbrechens aller Stabilitätsgaranten im Selbst, in der Gesellschaft wie in der Welt.

Die Negativitätserfahrung menschlichen Daseins sowie die in der Geschöpflichkeit von Welt und Menschen angelegte Verwiesenheit auf Transzendenz lassen den Menschen »religiöse« Vorstellungen entwickeln. Paulus stellt dies in Röm 1, 18ff so dar: Gott kann in seiner »unsichtbaren Macht und Gottheit« zwar an seinen Schöpfungswerken wahrgenommen werden. Aber die Menschen tun dies nicht. Vielmehr sind sie mit ihrer eigenen Nichtigkeit befaßt, halten sich selbst für schöpferisch und bilden sich Götter und Religionen nach den immanenten Bildern von Menschen, Vögeln, Vierfüßlern und Schlangen. Was hier geschieht, läßt sich mit Paulus als Religiosität verstehen: Diese verdankt sich letztlich nicht der Erfahrungsstruktur des Menschen allein. Ihr liegt immer schon eine Selbstbezeugung Gottes zugrunde. Im Horizont des sich in der Religion als wirksam erweisenden Gottes steht Religiosität für die Offenheit des Humanum schlechthin ein.

Unterschied wie Zusammenhang der Religionen und der Religiosität lassen sich dreifach beschreiben:

1. methodisch: Die Religion gibt es nur in den Religionen. Die Religionen aber sind historisch konkrete, kulturell geprägte Geschichtsgestalten von tiefer Individualität. Der Begriff der Religiosität verdankt sich einer abstrahierenden Reflexion auf anthropologische Gegebenheiten. Sie ist für den Ostasiaten wie für den Inder, den Araber und Westeuropäer gleichermaßen und analog erhebbar und gehört zur einen Menschennatur.

2. formal: Die Religionen sind alle institutionell eingebunden und in intersubjektiven Lebensvollzügen wirklich. Die Religiosität ist nur innersubjektiv bestimmbar und als »Anlage« humanen In-der-Welt-Seins wahrzunehmen. Wie die Religionen unmittelbares Leben in kulturell gestalteten Sinnvollzügen darstellen, so ist die Religiosität mehr die Frage nach dem Sinn als bereits das Innewerden des Angewiesenseins auf Sinn.

3. inhaltlich: In den Religionen geschieht die Erfahrung von Ungesichertheit und ihrer göttlicher Bewältigung zugleich. Menschliche Negativität ist immer schon umfangen von und aufgehoben in göttlicher Positivität. Ja, in der Positivität Gottes wird die Negativität des Menschen erst sichtbar. In der Religiosität bleibt menschliche Nichtigkeit in ihrer Selbstreflexion mit sich allein; sie erlebt sich als geworfen auf eine undefinierbare Ganzheit, bleibt aber in dieser Verwiesenheit bei sich selbst stehen.

2. Ist der christliche Glaube eine Religion?

Es ist in der Theologie des 20. Jahrhunderts gefragt worden: Läßt sich das Christentum in die Reihe der Weltreligionen einordnen? Versteht man unter der Religion eine Lebensbewegung, die sich wie Politik, Wirtschaft oder Wissenschaft in allen Kulturen antreffen läßt, so könnte man diese Frage mit Ja beantworten. Der christliche Glaube hat von seinen geschichtlichen Anfängen an Institutionen ausgebildet, sich mit Kult und Priestern, mit Heiligen und Riten umgeben. Er nimmt unbestritten an der Wirklichkeit der Religionsgeschichte teil. Mißt man diesen Glauben jedoch an seinem Inhalt, an der Gestalt Jesu und an der Christusverkündigung, dann wird die Antwort sehr viel schwieriger. Drei repräsentative theologische Entwürfe unseres Jahrhunderts (K. Barth, D. Bonhoeffer und P. Tillich) haben in aller Form bestritten, daß der christliche Glaube sich als Religion darstellen und begreifen läßt.

a) Verneinung der Frage

K. Barth, D. Bonhoeffer und P. Tillich führen den Gott der Bibel programmatisch gegen die Gottesbilder der Religion ins Feld. Die gemeinsame Basis ihrer Argumentation ist der Gegensatz von Offenbarung und Religion. Dabei repräsentiert die Religion den ständigen Konfliktpartner des biblischen Glaubens: sie wird von K. Barth in die Nähe der »natürlichen Gotteserkenntnis« gerückt, von D. Bonhoeffer als »metaphysisches«, zeitgeschichtlich bedingtes Gewand des Christentums angesprochen und von P. Tillich als Transzendenzbewegung des Menschen begriffen.

Religionsgeschichtlich lassen sich diese Beschreibungen nicht einordnen. Das ist auch nie ihr Anspruch gewesen. Sie blicken in eine andere Richtung. Sie wollen das Christentum aus der Bindung an ein bestimmtes Weltbild lösen und auf diese Weise die Theologie an den Ursprung der ihr eigenen Rede von Gott zurückführen. Darauf beruht ihre nachhaltige Wirkung, die weit über Europa hinausreicht.

(1) *Karl Barth.* Was Religion ist und sein kann, läßt sich nicht phänomenologisch erschließen, sondern muß im Licht der Offenbarung erklärt und begriffen werden: In der Religion haben wir es mit einer Weise des Wahrnehmens und Denkens zu tun, die nur als ein Verhalten des Menschen angesichts der Wirklichkeit Gottes verständlich wird. Sie ist einerseits »Unglaube« (Kirchliche Dogmatik I/2,324ff) und wird andererseits doch als das unvermeidbar »menschliche Gesicht« der Offenbarung (ebd. 306) gewürdigt: Einerseits ist Unglaube das Verhalten des Menschen, der sich der Konfrontation mit Gott entzieht, indem er an die Stelle der ihn herausfordernden göttlichen Wirklichkeit ein selbstentworfenes Gottesbild setzt. Seine »Religion« ist so verstanden tatsächlich eine »Häresie«, die die christliche Kirche gleichsam von innen her bedroht. Andererseits vollzieht sich die Konfrontation mit der Wirklichkeit Gottes unabdingbar in eben dieser »religiös« geprägten Lebenswelt des Menschen. Sie ist der Ort, an dem Gott sich unserer Erfahrung zugänglich gemacht hat und insofern das »menschliche Gesicht« der Offenbarung. K. Barth spricht von Gottes Verborgenheit in der Welt menschlicher Religionen und kann diese Religionen (als Ort der Offenbarung) daher der »guten Schöpfung Gottes« zurechnen (Kirchliche Dogmatik IV/3, 850). Der menschgewordene Gott kommt in der Welt der Religionen in sein »Eigentum« (Joh 1,11). Er kann seine Wahrheit hier gleichnishaft aufleuchten lassen. Damit wird seine Offenbarung aber zum Schlüssel, der das allen Religionen verborgene Ziel menschlicher Erlösungssehnsucht, den Grund der von ihnen wachgehaltenen Gottesfrage, erst aufzuschließen vermag.

Der neuzeitlichen Engführung, die in der Religion nur eine »Projektion« des menschlichen Bewußtseins zu erkennen meint (L. Feuerbach, K. Marx), ist Barth nicht erlegen. Indem er »die« Religion in den Horizont der guten Schöpfung Gottes zurückholt, öffnet er sich »den« Religionen in einer Weite, die sich mit A. von Harnacks These über das historische Christentum als ein »Kompendium der Religionsgeschichte« grundsätzlich zu einigen weiß. In den Religionen »bekennt« sich die Welt dazu – »ohne zu wissen und zu wollen, was sie tut« –, daß Gott ihr »nicht nur unbekannt, sondern auch bekannt ist« (Kirchliche Dogmatik IV/4 [Nachlaß], 213). Aber das Wahrheitszeugnis der Religionen bleibt ein implizites, ihnen selbst verborgenes Zeugnis. Insofern verläuft eine Grenze zwischen der Offenbarung, die »sich selbst« zur Geltung bringen will, und den Religionen, die sich mit bloßen »Surrogaten« abfinden müssen.

K. Barth schließt also die christlichen Kirchen mit den sog. Religionen in der Solidarität der Sünder zusammen, die den Versuch der Vereinnahmung (»Nostrifikation«) Gottes für ihre eigenen Ziele und Zwecke keineswegs schon hinter sich haben. Daß auch den christlichen Kirchen die Wahrheit nur in »irdenen Gefäßen« (vgl. 2. Kor 4,7) anvertraut ist, bricht jeden Alleinvertretungsanspruch und läßt sie mit allen Weltreligionen darauf warten, daß Gott noch mehr mit ihnen vorhat.

(2) *Dietrich Bonhoeffer.* Kein zweiter Theologe hat wie D. Bonhoeffer das Problem der Religion zur Schicksalsfrage des neuzeitlichen Christentums erklärt. Im Unterschied zu K. Barth führt er in seinen Analysen jedoch nur die spezifisch neuprotestantische Linie der Religionskritik weiter. Er sieht sich – in einer geschichtlich fortgeschrittenen Stunde – nahezu ausschließlich mit dem Phänomen der zu Ende gehenden Religion konfrontiert, das er als eine Lebenswirklichkeit der europäischen Kultur begreift. Wie ein roter Faden durchzieht seine Überlegungen der Versuch, den großen Prozeß der Säkularisierung nachzuzeichnen (vgl. Widerstand und Ergebung, Neuausgabe 365 f), »an dessen Ende wir heute stehen« (Ethik 102). Hier gewinnt seine Deutung der Religion als eines »heute« fast schon bedeutungslos gewordenen Übergangsphänomens ihre schärfsten Konturen. Es sind im wesentlichen drei

Merkmale, die diese Religion als ein bloßes »*Gewand* des Christentums« (Widerstand und Ergebung, Neuausgabe 306) kenntlich machen, aus dem wir unvermeidlich einmal herauswachsen werden.

Die Religion gehört für D. Bonhoeffer einem bestimmten *Weltbild* an, das als Spitze und Abschluß ein höchstes Wesen verlangt. Sie lebt von der Erfahrung der *Grenze*. Die Grenzsituation des Menschen (Not, Schuld, und Tod) hat die Religion aus der Öffentlichkeit der Welt in die Sphäre des nur »Persönlichen« und »Privaten« abgedrängt. Ihr Ort ist die *Innerlichkeit*. Damit aber hat sie ihre Verbindlichkeit, den Bezug zum Wahrheitsbewußtsein der eigenen Zeit, verloren. Umso nachdrücklicher versucht sie – so die berühmt gewordene provozierende These – der »mündig« gewordenen Welt zu beweisen, daß sie ohne den »Vormund Gott« nicht leben könne (Widerstand und Ergebung, Neuausgabe 357).

Man muß D. Bonhoeffers Analysen von ihrem theologischen Ziel her verstehen, dem Hinweis auf das Christus-Zeugnis des Neuen Testaments. Sie wollen der Gefahr begegnen, Gott an der falschen Stelle zu suchen, dort, wo wir ihn »haben wollen« und brauchen, statt dort, wo er sich selbst offenbart hat. Hier haben D. Bonhoeffers fragmentarisch gebliebenen Entwürfe noch heute Aktualität. Hier liegt allerdings zugleich auch ihre zeitgeschichtliche Schranke. Denn selbst wenn die Religion nur eine geschichtlich bedingte Ausdrucksform des Menschen wäre, so ist die Frage doch unabweisbar: Was stößt in das Vakuum der Gesellschaft nach, wenn die Religion aus ihr auszieht?

(3) *Paul Tillich*. P. Tillichs Auseinandersetzung mit der Religion bewegt sich auf einem zur dialektischen Theologie parallel verlaufenden Weg. Der Religionsbegriff empfängt seine Prägung durch den Gegensatz zur Offenbarung, dem »Unbedingten«, wie es in Tillichs philosophisch inspiriertem Denken heißt. Er gehört der »Welt des Bedingten« an (Gesammelte Werke I, 369). Dementsprechend wird die Religion als eine Funktion des menschlichen Geistes begriffen – mit der unvermeidlichen Folge, daß sie nun als der Versuch erscheint, sich des Unbedingten zu bemächtigen und es dadurch zu verfälschen, hat sie doch gar keine andere Möglichkeit, als das »Transzendente« zu einem Korrelat von *Welt* um-

zubiegen. Ihr Gegenspieler ist die »absolute« Religion, die aus der »lebendigen« Beziehung auf eine letzte göttliche Wirklichkeit lebt. Sie will – der Gegensatz könnte nicht härter akzentuiert werden – »Offenbarung, Heil, Wiedergeburt Leben ..., sie will das unbedingte Reale, sie will Gott« (ebd. 382). Hier gibt es keinerlei Brücken: Vor der Offenbarung der Unbedingtheit Gottes ist alle Religion – nichts.

Tillich hat diesen Ansatz mannigfach modifiziert und ihn unter Einbeziehung der Weltreligionen weiter zu verdeutlichen versucht. Doch hat sich darüber der problematische Zug, der auf ein jenseits aller historischen Gestalt liegendes Letztes zielt, eher verstärkt: den Religionen, das Christentum eingeschlossen, steht das, was den Menschen »letztlich angeht«, als ein unveränderlicher, sie kritisch überholender und in Frage stellender Maßstab gegenüber. Die Religion müßte imstande sein, sich selbst als geschichtliche Religion zu überwinden. Das ist aber unmöglich.

b) Religion in den christlichen Konfessionen

Der Gegensatz zwischen Religion und Offenbarung, der die drei skizzierten Entwürfe prägt, reißt auseinander, was der Sache nach von jeher beisammengewesen ist. Das wird an Tillichs überzogenen Schlußfolgerungen eindrucksvoll sichtbar. Jede Religion lebt von dem unverfügbaren Ereignis einer göttlichen Zuwendung, die im menschlichen Lebenszusammenhang durch Kult, Ritus und Sitte wiederholt und angeeignet wird. So auch der christliche Glaube. Er lebt von dem Ereignis, daß Gott sich in Jesus von Nazareth in einmaliger Weise offenbart hat, und wird doch erst durch die Verbindung mit einer bestimmten kulturell und sozial geprägten Wirklichkeit als eine geschichtliche Bewegung greifbar, die zu Gemeindebildung, Bekenntnis und Lehre führt. Das stellt ihn als Religion in die Gemeinschaft aller Religionen und unterscheidet ihn zugleich als geschichtliche Antwort auf das singuläre Hervortreten des Gottes Jesu Christi von allen *anderen* Religionen.

Seit das Opfer Noahs nach der Sintflut von Gott angenommen wurde, sind die Verheißungen des biblischen Gottes unlösbar in die Kultur- und Religionsgeschichte der Menschheit eingebunden (Gen 8,20ff). Die religiöse *Gestalt*, ohne die kein Glaube leben kann, begegnet schon früh in der biblischen Überlieferung: Gottes Herrschaft über die Welt wird im Festkalender Israels in Verbindung mit älteren Erntedankfesten gefeiert; an die Führungsgeschichte Israels wird in kultischem Gedenken Jahr für Jahr erinnert. Im Neuen Testament teilt sich die Herrschaft Gottes Dirnen und Zöllnern im Fest der Mahlgemeinschaft, in den elementaren Handlungen des Essens und Trinkens mit. Die Wahrheit des Evangeliums wird weitergegeben in die Sammlung und Sendung des Jüngerkreises, im Ritus der Wassertaufe oder in der »koinonia« der ersten Gemeinden. Durch Symbol, Ritus und Kult ist der christliche Glaube von seinen eigenen Wurzeln her dem Feld der Religionen verbunden.

Will man den Vorgang, auf den es hier ankommt, beschreiben, so könnte man sagen: Das unverfügbare »Grundereignis«, die »Wahrheit der Offenbarung«, beschlagnahmt das Feld primärer Religionserfahrungen (etwa den Jahres- und Lebenszyklus des Menschen) und kann es unter Umständen – man denke an den Ritus der Taufe, der letzten Ölung oder die mancherlei Weihehandlungen – zu seinem Darstellungsraum machen. Indessen ist auch die gelungenste und beste Darstellung niemals identisch mit dem, was in ihr dargestellt werden soll. Sie ist »nur« Darstellung. Die Offenbarung geht im Feld der Religion nicht auf. Es ist im Neuen Testament ganz deutlich, daß Tod und Auferstehung Jesu das »Ende aller Religionsgestalt« (Th. Sundermeier, Lexikon missionstheologischer Grundbegriffe, 421) sind. So wenig von einem Gegensatz die Rede sein kann, so gewiß haben wir es mit einer nicht zu tilgenden Spannung zwischen »*Offenbarung*« und »*Religion*« zu tun, die in jeder geschichtlichen Religion ausgetragen werden muß. Sie ist die Ursache der spezifischen Konflikte, aber auch der großen Reformen, die die Religionsgeschichte kennzeichnen. Denn gefährdet ist eine Religion jederzeit – das gilt nicht erst für das Christentum – dadurch, daß sie sich an ihre Darstellungs*elemente* (im Alten Testament an den Kult der Baalim; im Neuen an die Verehrung der »Weltelemente«, Kol 2,8) gleichsam verlieren und sie zu eigenen Gottheiten machen kann. Dann verfehlt sie ihren Darstellungssinn, hält die Wahrheit unter Verschluß oder stellt im schlimmsten Falle (Röm 1,18 ff) etwas ganz anderes dar. Sie trägt von ihrem Ursprung her das Risiko der »sakralen Gefangenschaft« der ihr eigenen Wahrheit (s. u. Kap. IV.3) in sich.

Das Problem der verschiedenen *christlichen* Konfessionen läßt sich auf dieser Ebene vielleicht am angemessensten beschreiben. Denn fragt man, worin diese Verschiedenheit ihren Grund hat, so stößt man jenseits dogmatischer Differenzen, die nur die rational faßbare Seite benennen, auf sehr unterschiedliche »Medien«, im Katholizismus etwa auf Reliquien und Heilige, in der Orthodoxie auf Ikonostase und Liturgie, im Protestantismus auf eine fast kultische Verehrung der biblischen Schriften, in denen sich die *eine* Wahrheit wie ein Lichtstrahl im Prisma auf vielfache Weise bricht. Diese Medien sind Darstellungselemente der Religion. Sie veranschaulichen, in welchem Umfang das geschichtliche Christentum an der religionsgeschichtlichen Wirklichkeit partizipiert.

Wie weit gehen die verschiedenen Konfessionen in der Aufnahme religiöser Elemente? Denkt man an die Heiligenverehrung, an die Bedeutung der Hierarchie oder an die unterschiedliche Bewertung der Bibel, so wird deutlich, daß die christlichen Kirchentümer religionsphänomenologisch sehr verschieden eingeordnet werden müssen. Ein Rosenkranzgebet in Fatima ist offensichtlich etwas anderes als das Unser-Vater in einem evangelischen Gottesdienst.

3. Wiederkehr von Religion am Ende des 20. Jahrhunderts?

Angesichts der vielfachen religiösen Bewegungen in unserer Gegenwart wird von verschiedenen Seiten überrascht, fast widerwillig gefragt: Sollten sie eine Wiederkehr von Religion bedeuten? Das widerspräche mancher politischen wie philosophischen Erwartung. K. Marx hatte »wissenschaftlich« erwiesen, daß alle Religion zusammenbrechen müsse. F. Nietzsche hatte die »Mörder

Gottes« als Befreier begrüßt und das Ende der als reine Dekadenz erfahrenen Religion für unabwendbar erklärt. Solche Prognosen paßten gut zu einem Gefühl bürgerlicher Bequemlichkeit und säkularisierter Selbstzufriedenheit. In den letzten Jahrzehnten des 19. und im 20. Jahrhundert wird diese »Ruhe« aber durch das massierte Auftauchen aggressiver »Religionsbewegungen« gestört, die man in drei großen Gruppen erfassen kann:

1. Das bedeutendste Ereignis ist das Erscheinen der orientalischen Religionen in Westeuropa und Nordamerika mit dem Anspruch, die offenen Fragen der modernen Welt besser lösen zu können als das Christentum. Das hervorstechendste Ereignis hierbei ist fraglos die sog. »Renaissance« des Islam. Der Islam hat seine religiöse Eigenart darin, daß er die Religion im eigentlichen Sinne und die politische Struktur in seiner »Gemeinde« zugleich zu leben sucht. Der rechtstheologische Grundsatz, daß der Islam Religion und sozialpolitische Gemeinschaft in eins sei, hat sich in der Geschichte des Islam stets durchgesetzt. Er tut dies auch heute, wo seit dem Ende des Kolonialismus und mit der politischen Selbständigkeit der islamischen Staaten der Islam eine völlig neue und eminent lebendige politreligiöse Entfaltung zeigt.

Die tiefe religiöse Kraft des Islam kommt nicht nur in seiner Expansion in Afrika zutage, sondern in der Verlebendigung seines Einflusses in den islamischen Staaten, wie er sich in der Neudurchsetzung der Sharia, des altislamischen Rechtes, zeigt. Die islamische Weltliga, die ihren Sitz in Riad hat, und andere Organisationen steuern die weltweite Ausbreitung des Islam. Die Millionen islamischer Arbeitskräfte in Westeuropa stellen die Frage ihrer angemessenen Integration. Die »Gesellschaft zur Verkündigung und Ausbreitung des Islam« hat im Oktober 1987 in Tripolis beschlossen, die Verbreitung des Islam in Westeuropa durch verstärkte Ausbildung von Missionaren zu fördern, nachdem die islamische Universität in Kairo eine germanistische Abteilung für das Studium solcher Missionare für Deutschland errichtet hatte.

Neben dem Islam sind zumal die indischen Religionen – der Buddhismus in allen seinen verschiedenen Formen wie der Hinduismus – missionierend aufgebrochen. Das ist für den Hinduismus als eine Volksreligion besonders auffallend. Der Buddhismus war stets eine Missionsreligion. Der Hinduismus trat zuerst 1893 auf dem Weltparlament der Religionen, das anläßlich der ersten Weltausstellung in Chikago veranstaltet wurde, hervor. Seitdem werden Nordamerika wie Westeuropa von hinduistischen, buddhistischen und zenbuddhistischen wie lamaistischen Heilslehren und -praktiken erreicht. Heute wird diese Bewegung durch nationalistische Kreise getragen, die sich in der Dachorganisation Vishwa Hindu Parishad zusammengeschlossen haben. Diese Praktiken beanspruchen, dem westlichen Menschen in seinem Leiden an der Weltzerstreutheit und Weltverlorenheit zu helfen. Sie bieten Entspannung durch Meditation, Ruhe durch Bewußtseinserweiterung an.

2. In Asien, Afrika, in Amerika wie Europa gibt es seit ca. achtzig Jahren das Phänomen der Neureligionen. Sie waren zunächst in Japan zu beobachten, wo vereinzelt schon am Ende des 19. Jahrhunderts, zunehmend aber im Laufe des 20. Jahrhunderts, eine Fülle von Neureligionen auftraten, die rasch zu großen Bewegungen anwuchsen und heute noch das religiöse Leben Japans mitbestimmen. Die meisten dieser japanischen Neureligionen sind Offenbarungs- sowie zumal Heilungsreligonen, die sich aus buddhistischen, shintoistischen wie auch teilweise christlich gefärbten Vorstellungen bilden. Diese japanischen Neureligionen haben alle eine feste Organisation und greifen mit ihrer Botschaft auch über Japan hinaus nach Australien wie nach Afrika, nach Europa wie nach Südamerika. Sie haben offenbar ihre größte Ausbreitung noch nicht erreicht, sondern scheinen stetig zu wachsen.

Die Bildung von Neureligionen blieb nicht auf Japan beschränkt. Auf dem Boden aller Religionen haben sich derartige neue Bewegungen erhoben. Im schiitischen Bereich sind es z. B. die Baha›i und die Ahmadija, im christlichen Bereich z. B. die Theosophie und die Anthroposophie (s. u. Kap. II).

3. Unter den religiösen Bewegungen des 20. Jahrhunderts ist auch die von P. Tillich als Quasi-Religion bezeichnete und sonst als »Zivilreligion« bekannte Erscheinung zu nennen. In ihr können sich z. B. der Bolschewismus wie der Faschismus, der radikale Humanismus des 19. Jahrhunderts wie der Feminismus, soweit er sich mythologisch begründet, mit dem Anspruch religiöser Legiti-

mation verbinden. In der Zivilreligion wird das »Bedürfnis« des Menschen, die großen Ereignisse seines Daseins – wie Geburt, Hochzeit und Tod – religiös definiert zu sehen, erfüllt. Wir haben diese Erscheinungen nicht eigens belegt, obwohl sie in der atheistischen Propaganda als Menschenweihe, Jugendweihe, Eheweihe und Lebensweihe eine zentrale Rolle spielten. Wir verweisen hierzu auf die vom Lutherischen Weltbund erarbeiteten Studien (epd-Dokumente 18/1987; 47/1987; 88/1988).

Die Religionen Asiens und die Neureligionen werben in Westeuropa um Mitglieder. Zwar halten sich die zahlenmäßigen Erfolge in Grenzen, aber eine allgemeine »Stimmung« für Okkultes, Spiritistisches, auch für Geheimnistuerei und esoterische Verborgenheiten ist lebendig, Gurus und Meditationszentren finden Anklang.

Was den Westeuropäer und Christen dazu bereitmacht, sich diesen Angeboten zu öffnen, sind drei Momente: *Erstens* wirkt der Zerfall der gewachsenen Autoritäten wie Familie, Elternhaus und Schule als tiefgreifende Entwurzelung, die als Ungeborgenheit wie als Einsamkeit empfunden wird und Lebensangst freisetzen kann. Dem suchen die Neureligionen durch straffe Inanspruchnahme und esoterische Bindungen abzuhelfen. *Zweitens* ist für den Menschen am Ende des 20. Jahrhunderts die Hemmung allem Religiösen gegenüber, die die Naturwissenschaft mit ihrem weltanschaulichen Diktat im 19. Jahrhundert aufgebaut hatte, deutlich zurückgegangen. Man weiß um die begrenzte Reichweite naturwissenschaftlicher Erkenntnisse und ahnt, daß solches Wissen die Weltmacht und die Weltpräsenz Gottes nicht in Frage stellen kann. Die Offenheit der Menschen gegenüber allem Religiösen – aber auch Okkulten – wächst. In dieses Vakuum stoßen die Neureligionen vor. *Drittens* fühlt sich der Mensch des 20. Jahrhunderts in seiner für ihn undurchsichtig gewordenen Umwelt heimatlos, ja bedroht. Die Ungeborgenheit und Zukunftsangst des modernen Menschen in seiner Welt aufgrund ihrer Undurchschaubarkeit bezieht sich auf die Mechanismen der Arbeitswelt ebenso wie auf die Umweltzerstörung wie auf die gesamte technische Entwicklung. In unserer überwiegend ökonomisch geprägten Welt wächst die Sehnsucht nach einer Wirklichkeit, die von anderen als ökonomischen »Werten« bestimmt ist. Diese drei Momente setzen in dem Menschen des 20. Jahrhunderts seine Religiosität frei (vgl. oben Abschn. I.1). F. Nietzsche konnte bereits bemerken, daß ein starkes Anwachsen der Religiosität – er spricht vom »religiösen Instinkt« – seine Erfüllung in einem »theistischen« Glauben mißtrauisch ablehne. Eben dies geschieht in dem Vordringen der asiatischen Praktiken. Nicht Shiva oder Amida-Buddha werden verehrt, sondern Meditationsübungen oder okkulte Praktiken werden geübt. Nicht Religionen werden angenommen, sondern parapsychologisches Training oder Übungen des Unterbewußten werden zur Bewußtseinserweiterung gesucht. Es geht also in den religiösen Bewegungen des 20. Jahrhunderts in Westeuropa nicht eigentlich um eine »Wiederkehr von Religion«, sondern offenbar vielmehr um ein starkes Freisetzen der Religiosität, d. h. zugleich ein Anwachsen der Nichtigkeitserfahrung des Menschen. Diese Religiosität bestimmt die Bewegungen, in die »ein Gott nicht eintritt«. Darum ihre Unruhe und Fluktuation. Sie bleiben unerfüllt, denn sie sind »bloße« Religiosität – anthropologische Form ohne erfüllenden Inhalt.

II. Neureligiöse Bewegungen in der 2. Hälfte des 20. Jahrhunderts

1. Typologie neureligiöser Bewegungen

Die neureligiösen Bewegungen, die vornehmlich in den 60er und 70er Jahren im Westen aktiv wurden, waren eingebettet in den breiten Strom neuer Religiosität, der sich aus unterschiedlichen Quellen speiste: Überwiegend aus dem, was man als »östliche Religiosität« bezeichnet, nämlich freischwebende Elemente hinduistisch-buddhistisch-taoistischen Ursprungs; dazu kamen Elemente abendländischer Esoterik, Theosophie und Psychologie. Das 1962 gegründete kalifornische Esalen-Institut, das bis zur New Age-Bewegung hin neureligiöse Schrittmacherdienste geleistet hat, symbolisiert in besonderer Weise die Verbindung von östlicher Meditation und westlicher Psychologie. Die neue Religiosität kreist überwiegend um den modernen Menschen des Westens und seine Suche nach Selbstverwirklichung, Selbstdurchsetzung und bergende Gemeinschaft. Häufig werden östliche Traditionen durch westliche Bedürfnisse überformt, ja pervertiert.

Viele der neureligiösen Bewegungen sind östliche Meditationsbewegungen mit einem Guru als Zentrum und einer autoritären Führungsstruktur. Von dort sind die Übergänge fließend zu stärker westlich geprägten Psychobewegungen. In diesem Grenzbereich zwischen Religion und Psychologie bewegen sich auch drei der unten geschilderten Bewegungen: Die Bewegung der »Transzendentalen Meditation« hat eine indische Meditationstechnik dem westlichen Erfolgs- und Gesundheitsstreben dienstbar gemacht. In der »Scientology« erscheint Religion fast nur noch als Deckmantel fragwürdiger Praktiken; beide entsprechen dem Bild dessen, was H. Cox als »Selbstverbesserungssekten« bezeichnet hat. Die New Age-Bewegung zeigt sich als ein lockeres Netzwerk Gleichgesinnter und nicht als autoritär geführte Organisation. Das Autoritäre liegt hier eher in der Ideologie von der Evolution des Bewußtseins, das denen, die die rechte Erkenntnis haben, eine Sonderrolle zuweist. »New Age« neigt, wie die östliche Religiosität zu einer monistischen Weltdeutung, glaubt durchweg an Reinkarnation und lehrt »Bewußtseinstechnologien« aus dem Bereich von Meditation und Therapie. Attraktiv ist sie vor allem für Menschen aus der Alternativkultur.

Die Mun-Bewegung ist dagegen im Grenzgebiet zwischen Religion und Politik angesiedelt, vertritt eine dualistische Sicht von Welt und Geschichte und hat ihre Bündnispartner im konservativ-reaktionären Lager, wie z. B. in Lateinamerika. Alle vier Bewegungen haben ein Konzept der Rettung der Welt vor der drohenden Katastrophe, wie immer diese definiert werden mag: als ökologische Krise oder als »Vernichtung Gottes« durch den Sieg des Kommunismus. Alle vier verfügen über ein starkes Sendungsbewußtsein. In der diffusen neureligiösen Szene mit ihrer von den Wurzeln gelösten, freischwebenden und vagabundierenden Religiosität haben die institutionalisierten neureligiösen Bewegungen überwiegend eine eigene Identität bewahrt bzw. ausgebildet.

2. Mun-Bewegung

Mun-Bewegung ist eine Sammelbezeichnung für die nach dem Koreakrieg von Mun, San Myung (geb. 1920) gegründete »Heilig-Spiritistische Gemeinschaft für die Vereinigung des Weltchristentums« mit ihren zahlreichen Unterorganisationen, von denen die bekanntesten in Deutschland die »Vereinigungskirche e. V.«, die »CARP« (= Hochschul- und Studentenorganisation) und »CAUSA« mit dem »Forum für geistige Führung« (Politische Organisation) sein dürften. Ziel der verschiedenen Zweige der Bewegung ist eine unter der Herrschaft der Mun-Familie »vereinte Welt«. Muns Presse- und Wirtschaftsimperium, besonders in den

USA, verschafft ihm erheblichen Einfluß auf die praktische Politik.

Mun selbst berichtet von einer Berufungsvision am Ostermorgen 1935, in der Jesus den 15-jährigen beauftragt, seine gescheiterte Mission zu vollenden.

Mun betätigte sich zuerst als spiritistisches Medium, durch das »Geister« aus dem Jenseits sprachen. Heute ist er selbst Gegenstand seiner eigenen »Offenbarungskundgaben«. Seine Lehre, »Das Prinzip«, wird seit 1957 von einem Mitarbeiter in verschiedenen Ausgaben schriftlich zusammengefaßt. Seit 1985 genießen auch mediale Kundgaben des 1984 tödlich verunglückten Mun-Sohnes Heung-Jin, des derzeitigen Himmelsherrschers, eine äußerst hohe Wertschätzung.

Nach dem »Prinzip« ist Gott ewige Energie, männlich und weiblich polarisiert. Der pulsierende Energieaustausch, das »wechselseitige Geben und Nehmen«, bildet die Grundlage seiner ewigen Existenz und macht die Erschaffung der Menschen als dem »Objekt« Gottes nötig. Nach dieser Lehre war es das Ziel des göttlichen Schöpfungsplanes, eine »vollkommene Menschenfamilie« zu erschaffen. Jedoch hat Satan die ersten Menschen sexuell verführt. Alle Menschen haben deshalb »satanisches« Blut in ihren Adern; sie sind Kinder Kains. Erst wenn ein vollkommener Mann sich eine Frau zur vollkommenen Eva erzieht, kann er mit ihr vollkommene, sündlose Kinder zeugen und so eine neue, satansfreie und vollkommene Familie gründen. Jesus hat dies versucht. Da er nicht geheiratet hat, hat er keine physische Erlösung bringen können, sondern nur eine neue geistige Familie gestiftet, die Christenheit. Korea, das als reines, fehlerloses Opfer geteilt wurde, wird zum neuen Israel und bringt den dritten Adam als »Herrn der Wiederkunft« und eine neue Eva hervor. Durch die als »Hochzeit« und als Wiedergutmachung der Kreuzigung bezeichnete Eheschließung Muns mit seiner (vierten?) Frau Han, Hak-Ja ist Mun zum physischen Erlöser der Menschheit durch menschheitsweite Blutreinigung (*pikarim*) geworden.

Die Anerkennung Muns als des Herrn des Universums und als die Vereinigung aller Gegensätze ist in der Geisterwelt bereits erfolgt, muß auf der physisch-politischen Ebene aber vollzogen werden durch Errichtung der »idealen Welt« Muns. Daraus folgt der Durchsetzungsanspruch in Politik, Kultur und religiösem Bereich. Hierhin gehört auch der seit 1961 fanatisch vertretene Antikommunismus der Bewegung und die Lehre von der Notwendigkeit eines sowohl geistig-ideologisch als auch physisch-militärisch auszufechtenden 3. Weltkrieges als der letzten Maßnahme zur Vereinigung der Welt.

Die Mitgliedschaft in der Mun-Bewegung ist Familienmitgliedschaft und wird nach längerer Vorbereitungszeit durch ein Ritual paarweiser Adoption erworben. Bei der in der Öffentlichkeit als »Massenhochzeit« mißverstandenen »Segnung« werden Partner aus verschiedenen Nationen gemeinsam in die Mun-Familie aufgenommen. Die von Mun-Paaren geborenen Kinder werden als physische Kinder der »wahren Eltern« (Mun und seine Frau) verstanden. Die fast ausschließliche Anwerbung junger, unverheirateter Menschen als Vollmitglieder hat die Mun-Bewegung in Deutschland zum Prototyp der Jugendreligion gemacht.

Muns Lehre ist äußerlich eine Mischung von asiatisch-taoistischem Denken mit christlichen Begriffen. Inhaltlich ist sie vor allem eine Begründung seines Weltherrschaftsanspruchs. In ihr ist es zu einer synkretistischen, »schamanisierenden« Verarbeitung und Benutzung von Stoffen und Begriffen aus der jüdisch-christlichen Tradition gekommen. Damit ist die Mun-Bewegung ein Zeichen für den Machtanspruch eines Mannes, der durch seine neue Religion die Menschen an sich als an »den sichtbaren Gott« bindet.

So erweist sich die Mun-Bewegung als Beispiel einer religiöspolitischen Ideologie, in der trotz aller Betonung des Gottesglaubens für Gott kein Platz mehr ist. Sein Platz ist schon besetzt.

3. Scientology

Die Scientology versteht sich als eine angewandte religiöse Philosophie und Technologie, die alle Probleme des Lebens löst; sie wurde vom Science-fiction-Autor L. Ron Hubbard (1911 – 1986) als Ergebnis seiner früheren Entdeckungen in der Dianetik entdeckt, entwickelt und aufgebaut. »Dianetik« ist eine 1950 von Hubbard in einem Science-fiction-Magazin vorgestellte und zu einer Art Do-it-yourself-Psychotherapie entwickelte Bestsellеridee. Schwierigkeiten mit ärztlichen Standesorganisationen führten Hubbard zum Kauf einer »Kirche«. Eine Vielzahl von Organisationen entstand im Laufe der Zeit, so daß heute Scientology in allen möglichen Lebensbereichen durch Organisationen und Firmen vertreten ist.

Die Lehren von Scientology lassen sich auf folgenden Nenner bringen: Die Welt ist zum absoluten Untergang verurteilt: L. Ron Hubbard hat den einzig möglichen Weg zur Errettung gefunden. Er liegt im scientologischen »Training und Auditing« und im Überleben der Scientology als Organisation sowie ihrer Herrschaft über den ganzen Planeten beschlossen. Der einzelne und der Planet sollen »clear« werden. Im Laufe der Entwicklung kamen die sog. OT-Grade (von »Operating Thetan«) hinzu. Wer sich gegen diese Rettung wehrt oder diesen Weg gar kritisiert, ist ein »Unterdrücker«. Der Mensch lebt im MEST-Universum (Hubbard›sches Kunstwort aus »Matter/Materie, Energy, Space/Raum und Time/Zeit«) und besteht aus »Body« (Körper), »Mind« (Verstand) und »Thetan« (eine Art Geist-Seele). Während der Body nur eine Behausung ist, die der Thetan angenommen hat und nach dem Ableben wieder ablegt (Reinkarnations-Vorstellung), ist der Mind als Werkzeug in den positiven »analytischen Mind« und den negativen »reaktiven Mind« gespalten. Letzterer ist ein Versuch des »Body« zu überleben. Überleben soll jedoch der »Thetan«. Hubbards Rettungskonzept heißt »Scientology«.

Die Praxis der Scientology wird in zwei Hauptbereichen einmal als »Training« und zum anderen als »Auditing« vermittelt. Beide sollen »zum Überleben« befähigen. Zuerst muß jedoch »der Ruin«

eines Menschen gefunden werden, um ihm dann Hilfe (gegen Entgelt) anbieten zu können. Zu diesem Zwecke werden Neulinge zu einem »kostenlosen Persönlichkeitstest« aufgefordert, der grundsätzlich ihren Negativzustand dramatisiert und in einem Verkaufsgespräch endet. Verkauft werden vor allem Trainings und Auditings sowie Bücher, angeboten werden aber auch sklavereiähnliche Arbeitsverhältnisse. »Auditing« wird als »pastorales Beratungsverfahren« bezeichnet.

Bewertend muß festgestellt werden: Unsinnige Zukunftsphantasien und die Zerstörung der Verantwortlichkeit des einzelnen prägen diese profitorientierte Bewegung, die sich eine religiöse Übermalung gegeben hat.

4. Transzendentale Meditation (TM)

Die heute unter dem Namen »Transzendentale Meditation« bekannte Bewegung gründet in der 1958 von Maharishi Mahesh Yogi in Indien ins Leben gerufenen »Geistigen Erneuerungsbewegung«. Schon 1959 siedelte Maharishi in die USA über, wo seine Meditationspraxis großen Zulauf hatte. Von Amerika aus wirkte er auch nach Europa.

Die TM ist bemüht, besonders im Westen ihren religiösen Charakter abzustreifen und sich als säkulare Technik zur Entspannung und Selbstverwirklichung zu empfehlen. Maharishi hat sich von seinem hinduistischen Hintergrund dennoch nicht gelöst. Er bleibt als Guru bewußt in der Tradition der Meister. Jeder neugewonnene TM-Anhänger wird feierlich vor einem Guru-Bild eingeweiht. Dabei wird eine Sanskrit-Liturgie rezitiert, Blumen werden geopfert und, was das Wesentliche ist, jeder bekommt »sein« Mantra zugesprochen. Das Mantra ist eine machtgeladene, meist einsilbige Rezitationsformel (z. B. *om, ain, sem*), deren Lautschwingung dem einzelnen Adepten gemäß sein soll, die bei der TM jedoch reichlich schematisch vergeben wird. Diese Silbe bewahrt man ganz für sich, man meditiert sie, man lebt mit ihr, indem man sie ständig leise oder im Geist wiederholt. Hierdurch wird der Mensch in seiner Religiosität angesprochen und herausgefordert.

Wie alle neu-hinduistischen Meditationslehrer erhebt auch Maharishi einen universellen Heilsanspruch. Nach Maharishis »Weltplan« (1972) soll jeder Mensch auf Erden in die Lage versetzt werden, TM zu praktizieren und auf diese Weise seine Kreativität zu entfalten. Der Anspruch der TM, für alle Probleme die Lösung zu sein, wird im Bereich der Politik, der Psychologie, der Medizin und der Naturwissenschaft erhoben.

Es gibt freilich bei der TM auch noch eine andere Ebene. Auf der höchsten Bewußtseinsstufe geht es um die Einheit mit dem Urgrund allen Seins. Diesen Urgrund kann man Gott oder auch in der Sprache der indischen Advaita-Philosophie Brahman nennen. Der Mensch nähert sich, ja wird selbst zu dem Göttlichen. Hier zeigt sich TM – entgegen der im Westen üblichen säkularen Werbung als »Kreative Wissenschaft« – als zutiefst in der religiösen Tradition Indiens beheimatet.

Jedoch, indem der Maharishi die westlich-säkularen Momente der kreativen Intelligenz mit dem mantrisch erschließbaren Urgrund nach der indischen Tradition verbindet, scheint er zur Religion vorzustoßen, zerstört aber sowohl diese wie die Religiosität.

5. New Age

Unter der Bezeichnung »New Age« ist in den 80er Jahren eine neue subkulturelle Bewegung ins kirchliche und gesellschaftliche Bewußtsein gerückt, die sich aus einer Vielzahl von Trends des heutigen Zeitgeistes zusammensetzt und diese unter dem Anspruch zusammenfaßt, Ausdruck einer grundlegenden Zeitenwende, eines neuen nachchristlichen und postmodernen Zeitalters zu sein. Ein allgemeiner Religionsbegriff erweist sich als untauglich zur Erfassung des Phänomens »New Age«. Dies liegt auch im Interesse seiner Vertreter selbst, die die Wende »von der Religion zur Spiritualität« propagieren (M. Ferguson), womit sie allerdings einen in den letzten Jahren auch im christlichen Bereich wiederentdeckten und zum Hoffnungswort religiöser Erneuerung gewordenen Begriff vereinnahmen. Doch in der New Age-Spiritualität lebt nicht nur die Vorstellung wieder auf, die Zeit der traditionellen Religionen und ihrer Dogmen sei heute endgültig vorbei, sondern auch die Meinung, daß es eine allem religiösen Leben gemeinsame mystische Grunderfahrung gebe, zu der jeder vorstoßen und sich darin eins mit allen übrigen Religionen, der ganzen Menschheit und dem Kosmos wissen kann. Ein von Welt und Menschheit zu unterscheidender Gott tritt im Rahmen dieses Konzepts eines »kosmischen Bewußtseins« nicht in Erscheinung, vielmehr formiert sich unter der Bezeichnung »New Age« ein breites Spektrum einer neuen Religiosität ohne Gott unter dem Anspruch, die Religiosität oder Spiritualität des kommenden neuen Zeitalters zu sein.

Man kann das Wesen dieser New Age-Spiritualität nicht als genuinen Ausdruck irgendeiner der großen Weltreligionen oder als denkbare Variante christlichen Glaubens betrachten, sondern hat in ihr ein »synkretistisches Konglomerat« (R. Hummel, Kult statt Kirche, 49) aus östlicher und archaischer Religiosität, westlichem Okkultismus und moderner Psychologie zu sehen. Diese »religio occulta« ist auch ihrem Selbstverständnis nach keine »Religion«, sondern der Versuch, den Wunsch des Menschen nach Religiosität von einem säkularistischen Standpunkt aus zu beantworten. Deshalb spricht man besser von Okkultismus als einem säkularistischen Religionsersatz, der sich seit dem 19. Jahrhundert als Gegenbewegung gegen einen allzu vordergründigen Rationalismus der Moderne entwickelt hat und heute in Verbindung mit der New Age-Bewegung einen unerwarteten Auftrieb erhält. Diese Entwicklung geht vielfach Hand in Hand mit dem nach wie vor starken Einfluß östlicher Religiosität in den westlichen Gesellschaften. »Man wird vergeblich nach Vereinigungen traditionellen Stils – politische Parteien, ideologische Gruppierungen, Clubs oder brüderliche Organisationen – Ausschau halten. Statt dessen trifft man auf kleine Gruppen und auf lose miteinander verbundene Vereinigungen. Es gibt mehrere zehntausend Wege, um sich dieser Verschwörung anzuschließen.« (M. Ferguson, Die sanfte Verschwörung, 27).

Die Spiritualität des New Age ist grundsätzlich »holistisch« orientiert. Die historischen Religionen und Weltanschauungen werden als geistiger Steinbruch ausgeschlachtet, und alles was dem Holismus zu dienen scheint – seien es die Weltbilder von Magiern oder Naturvölkern, von östlichen Religionen oder von modernen naturwissenschaftlichen Theorien – wird rezipiert, alles ihm Widerstrebende mißtrauisch abgelehnt. Als neues Element erscheint vor allem das Interesse an den sog. »Urkulturen« und ihren Ritualen, an den Überlieferungen von Indianern, Kelten und Germanen, an den Praktiken von Schamanen, Magiern, Hexen und Okkultisten aller Zeiten, was sich insbesondere auch an den Rändern der feministischen und ökologischen Bewegung bemerkbar macht. Denn in diesen Praktiken scheinen sich die kosmologischen Prämissen der New Age-Spiritualität besonders stark niederzuschlagen. Diese Vorstellung liegt insbesondere auch dem Yoga zugrunde. Durch bestimmte »Energie-Zentren« (Chakren) kann der Mensch die »Lebenskraft« aufnehmen und steuern. »In dieser Form wurde der Yoga«, nach J. Aagaard, »zur Grundlage von nahezu allen New Age-Gruppen und daher auch von fast allen heutigen neuen religiösen Bewegungen.« (J. Aagaard, The World-view/Cosmology of the New Religious Movements, 46).

Trotz archaischer Stilisierung ist die New Age-Spiritualität ebensowenig eine wirklich postmoderne Erscheinung wie ihre Vorläufer im Okkultismus des 19. Jahrhunderts, und ihre postmoderne Fassade ist nur eine der Verkleidungen, in die der moderne Mensch von Zeit zu Zeit schlüpft, in der Hoffnung, die Probleme der technologisch geprägten Zivilisation besser bewältigen zu können. (Das wird unmittelbar deutlich z. B. bei den »schamanistischen« Seancen in New Age-Zentren). Die New Age-Bewegung ist unverkennbar eine der säkularistischen »Ersatzreligionen« der Gegenwart. Gleichzeitig ist sie Ausdruck einer tiefen Krise, in die der Säkularismus als bestimmende Lebensmacht am Ende dieses Jahrhunderts geraten ist. Das Aufleben der New Age-Religiosität erinnert daran, daß die Moderne von Anfang an begleitet war von romantischen, okkulten und mystischen Unterströmungen, die nicht weniger zu ihr gehören als das aufklärerische Vernunftdenken. Gerade aus dem tiefen Verhaftetsein in der modernen Welt ergibt sich auch die Plausibilität dieser neuen Spiritualität für einen beträchtlichen Teil der Bevölkerung. Auf dieser Linie liegt die Verbindung vieler New Age-Angebote mit einem ausgesprochenen Machbarkeitsglauben: die Angebote der »Bewußtseinserweiterung« oder des »positiven Denkens« heben bewußt auf die Bedürfnisse eines »technologisch denkenden Anti-Technokraten« ab, wie man auch in New Age-Kreisen selbstkritisch festgestellt hat.

Wenn Angst schon immer als eine Grundwurzel des Aberglaubens gegolten hat, so stellt sie auch heute ein wichtiges Motiv der Akzeptanz irrationaler und okkulter Lebenshilfen dar. Existenzangst, vor allem der wach gewordene Sinn für Ökokrise und Atomgefahr sind Ansatzpunkte für die Angebote neuer Weltverbesserungs- und Heilsideen im Geiste der New Age-Spiritualität. Vor allem der Bereich von Gesundheit und Heilung ist ein wichtiges Einfallstor von New Age-Praktiken.

Die neue Gnosis des New Age gewinnt zunehmend an Plausibilität bis in kirchliche Bildungsangebote hinein, weil sie »Erfahrungen« vermittelt, während man in den christlichen Kirchen »nur« an den Glauben verwiesen werde. Weil der Weltbezug des Glaubens von den Vertretern der New Age-Bewegung in der Regel verkannt wird, wird das Verhältnis von Glaube und Erfahrung im Dialog mit der New Age-Spiritualität künftig eine zentrale Rolle spielen müssen. Das vermeintliche Zauberwort der New Age-Anhänger heißt »Bewußtseinserweiterung«, wodurch letztlich »Gott« im Menschen auf erfahrbare Weise zum Bewußtsein komme. Gott wird zur obersten Stufe unserer eigenen, sich ihm öffnenden Individualität (K. Wilber, Der glaubende Mensch, 180). Dieser Verlust der personalen Relation zu Gott ist von einem grundlegenden Irrtum bestimmt: »Glaube wird durch Wissen und Methode abgelöst. Die Tiefe des Bewußtseins ist zum Abgrund des Göttlichen geworden, und diese Tiefe ist dem Zugriff des Menschen offen ...! Gott wird reduziert auf kosmisches Bewußtsein« (J. Sudbrack, Religiöser Aufbruch oder neue Gnosis?, 307).

Die Religiosität der buntscheckigen New Age-Bewegung exemplifiziert umfassend den Versuch, den Menschen zu seiner Selbsterlösung zu führen, womit sie das Eintreten Gottes in die Religiosität verhindert.

III. Die Begegnung der Religionen am Ende des 20. Jahrhunderts

Nach der exemplarischen Vorstellung einiger neureligiöser Bewegungen verständigen wir uns kurz über diejenigen asiatischen Religionen, die in den letzten Jahrzehnten in Westeuropa wie in Nordamerika missionierend auftreten. Die asiatischen Religionen haben im 19. Jahrhundert in zunehmendem Maße ihr Selbstbewußtsein wiedergewonnen, nachdem es durch den Kolonialismus stark versehrt war. Sie haben dabei nach und nach alle einen starken Missionswillen ausgebildet und im allgemeinen zuerst Nordamerika, dann aber auch Westeuropa als Missionsfeld entdeckt. Diese Bewegungen sind auch bedingt durch das Rückfluten der kolonialen Beamten und Angestellten in die europäischen Länder wie durch die Anwerbung von Arbeitskräften für die sog. Industrienationen und den Sog, den die Prosperität auf die sog. Dritte Welt ausübt. Wir denken hierbei vor allem an den Islam, den Hinduismus, den Buddhismus und den Lamaismus. Diese Religionen sollen jedoch nicht umfassend dargestellt, vielmehr gezielt an dem Punkt erörtert werden, der sie dem christlichen Glauben besonders nahe zeigt, aber gerade darin zugleich den Unterschied hervortreten läßt. Das ist im Islam die Einheit von Religion und Politik, im Hinduismus die Einheit des Göttlichen, im Buddhismus die Frage der Leidensaufhebung als Sinn von Religion und im Lamaismus die Menschwerdung Gottes als Heilsvermittlung.

1. Die Erwartungen der Religionen an das Christentum

Wie im persönlichen Umgang, so können auch im Verhältnis der Religionen zueinander Beziehungen nicht einseitig definiert werden. Vielmehr sind sie das Ergebnis eines Prozesses, in dem Wünsche und Ängste von beiden Seiten ins Spiel kommen. Manche christlichen Versuche, mit dem religiösen Pluralismus ins reine zu kommen, bleiben deshalb ergebnislos, weil sie die Realität außerchristlicher Erwartungen und Befürchtungen nicht wahrnehmen. Die Erwartungen der Religionen an das Christentum sind unterschiedlich und von der Eigenart der jeweiligen Religion, speziell von ihrer Sicht des Christentums geprägt. Das islamische Bild des Christentums liegt bereits in kanonisierter Gestalt im Koran vor; der Neohinduismus hat in der Begegnung mit dem Christentum ein eigenes Jesusbild mit ziemlich deutlichen Konturen entwickelt. Es ist einleuchtend, daß islamische Christentumskritik vor allem einen Mangel an christlicher Weltgestaltung konstatiert, hinduistische dagegen primär einen Mangel an christlicher Spiritualität. Jede Religion mißt die andere an ihren eigenen Idealen.

a) Absage an den westlichen Kulturimperialismus

Immer noch stellt sich das Christentum in den Augen anderer primär als die Religion des Westens dar. Erwartungen an das Christentum und solche an die westlichen Industriestaaten fließen ineinander. Im wesentlichen richten sich die Erwartungen der Religionen aber an das westlich geprägte Christentum. Dessen Bild ist durch die enge Verbindung zwischen christlicher Mission und kolonialer Expansion sowie zwischen religiösem und zivilisatorischem Überlegenheitsgefühl nachhaltig verzerrt. Die Erwartungen der Religionen gehen vor allem dahin, daß das Christentum (und möglichst auch die gesamte westliche Kultur) sich von dieser Epoche des Kulturimperialismus deutlich absetzen. Konversionen vom Christentum zu anderen Religionen werden von diesen als

Bestätigung ihres neu erwachten Selbstwertgefühls empfunden. G. Singh, früher indischer Botschafter, hat 1983 vor der 6. ökumenischen Vollversammlung in Vancouver die typischen Reaktionen der Religionen auf den westlichen Kulturimperialismus auf den Punkt gebracht: die Kritik am westlichen Wirtschaftssystem (»Wirtschaftlicher Fortschritt bringt moralisches Leiden«) und am modernen Freiheitsverständnis (»Familien brechen auseinander, unsere Kultur ist ganz verschmutzt«); die Skepsis gegenüber westlicher Hilfe (»Wenn sie schon nichts für uns tun können, so sollen sie uns wenigstens in Ruhe lassen«); die Bitte um christliche Hochschätzung anderer religiöser Traditionen und der Anspruch, einen eigenen, sogar besseren Zugang zu Jesus zu besitzen (»Wir im Osten erkannten ihn schon bei seiner Geburt«). Hinter dieser Kritik steht der Wunsch nach einer Konvivenz der Kulturen insgesamt und der Religionen als eines Teiles von ihnen, die auf gegenseitige Achtung und Wertschätzung gegründet ist.

b) Anerkennung des religiösen Pluralismus

Einen Schritt weiter geht die Erwartung, das Christentum solle sich in der Anerkennung des religiösen Pluralismus dialogbereiter und toleranter verhalten. Dabei geht der Islam von der (relativen) Anerkennung der »Buchreligionen« im Koran aus und fragt umgekehrt nach der Bedeutung Mohammeds und der koranischen Offenbarung für das Christentum. Der Islam will seine Anerkennung als religiös legitime Religion durch Judentum und Christentum erreichen. Viele Muslime vermissen ein protestantisches Gegenstück zur Erklärung «*Nostra aetate*» des II. Vatikanischen Konzils und zur katholischen Bereitschaft, eine Art von «*de jure*-Anerkennung» des Islams auszusprechen. Häufig wird die islamische Bereitschaft signalisiert, im Anschluß an Sure 5, 48 der Gemeinschaft (*umma*) der Christen eine weitere separate Existenz zuzugestehen, wenn sie sich nur auf das islamische Verständnis des Monotheismus einläßt und vor allem Jesus nicht mehr als «Sohn Gottes» verehrt. Viele islamische Erwartungen laufen auf eine de facto-Islamisierung der Christenheit hinaus.

Die Selbstdarstellung des Neohinduismus gründet sich schon lange auf den Anspruch, toleranter zu sein als Islam und Christentum. Diese beiden werden denn auch im Vergleich mit den sich in vielem ähnlichen Religionen des Buddhismus und des Jainismus stärker als Fremdkörper in der religiösen Landschaft Indiens empfunden; dagegen wird Jesus als »orientalischer Christus«, als Yogi oder Avatara, längst von vielen Hindus verehrt. Von den Kirchen wird erwartet, daß sie Absolutheits- und Einzigartigkeitsansprüche fahren lassen und ihr religiöses Selbstverständnis in Richtung der vedantischen Einheitsschau ändern. Auf deren Basis wird eine friedliche Koexistenz aller Religionen angestrebt. Diese soll gefördert werden durch die Annahme des Vedanta durch die intelligenten und fortschrittlichen Mitglieder aller religiösen Gemeinschaften, wie es gelegentlich heißt.

Auch im neueren Buddhismus sind ähnliche Gedanken entstanden. Eine tiefere Auslegung der buddhistischen und christlichen Schriften, so stellt der thailändische Mönch Buddhadasa fest, bringt das Gemeinsame beider Religionen ans Licht und erlaubt dem Menschen, zugleich ein guter Buddhist, ein guter Christ und ein guter Muslim zu werden. Der Buddhist könne das ganze Christentum als vereinbar mit der Lehre des Buddha akzeptieren, wenn ihm nur erlaubt wird, die Bibel in seinem Sinn (in der »Sprache des Dhamma«) zu interpretieren. Das Christentum solle sich die gleiche Einstellung aneignen und einsehen, daß auf dem Hintergrund dieser Interpretation ein Glaubenswechsel sinnlos erscheinen muß.

Hinduismus und Buddhismus neigen dazu, äußere Religionszugehörigkeit als etwas Sekundäres zu betrachten, das nicht gewechselt, wohl aber in Richtung auf eine tiefere mystische Einsicht transzendiert werden sollte. Darum richten sich die Erwartungen an das Christentum, insbesondere an die Kirchen, ihr traditionelles Deutungsmonopol für die Bibel und die Gestalt Jesu aufzugeben und anzuerkennen, daß Jesus allen Religionen gehört. Die enge »dogmatische« Auslegung soll durch eine, wie auch immer gedachte, interreligiöse Hermeneutik mystischen Charakters ersetzt werden.

c) Verzicht auf Mission

Aus den gleichen Gründen fordern weite Kreise des Hinduismus und Buddhismus vom Christentum einen völligen Verzicht auf missionarische, zum Glaubenswechsel führende Aktivitäten. Als ein weiteres Motiv dafür spielt die Angst vor den kulturell entfremdenden Auswirkungen eines Glaubenswechsels eine wichtige Rolle, zumal in Indien, wo Religionsgrenzen häufig auch soziale Grenzen darstellen und die Taufe oft zum sozialen Ausschluß führt.

Der Islam, der sich als abschließende göttliche Offenbarung versteht, ist gegenüber dem »Abfall« zu einer anderen Religion besonders empfindlich und belegt ihn mit strengen Sanktionen. Missionsverzicht der Kirchen und »de jure-Anerkennung« durch sie gehören für weite Kreise dieser Religion zusammen. Die christlich-islamische Konsultation von Chambésy (1976) resultierte freilich in der beiderseitigen Anerkennung, daß christliche Mission und der »Ruf zum Islam« (da'wah) wesentliche religiöse Pflichten seien. Überhaupt mag der Widerstand anderer Religionen gegen Mission und Bekehrung in dem Maß nachlassen, wie die Zahl ehemals christlicher Konvertiten zu ihnen zunimmt.

Das Christentum sieht sich also aus dem Bereich aller großen (und auch vieler kleinen) Religionen mit Erwartungen konfrontiert, die auf eine Neudefinierung der Beziehungen und Verhältnisbestimmungen hinauslaufen: Wesenhafte Einheit und Gleichwertigkeit der Religionen; Dialog als Weg, diese zu erkennen und zu verwirklichen; Missionsverzicht als Besiegelung dieser Haltung, und das alles auf der Grundlage eines Religionsverständnisses, das faktisch von der Überlegenheit der jeweiligen eigenen Religion ausgeht. Dieser interreligiöse Enthusiasmus findet in den Religionen selbst allerdings keine ungeteilte Zustimmung. Es gibt Muslime, die nicht glauben, daß sie und die Christen den gleichen Gott verehren. Manche Zen-Buddhisten halten christliche Zen-Meditation für illegitim, und Buddhadasas tiefere Auslegungsmethode stößt auch auf buddhistische Kritik.

Traditionalistische und »fundamentalistische« Vertreter anderer Religionen haben weniger Erwartungen an das Christentum.

Sie verlangen keine Dialogbereitschaft, die sie selbst nicht zu geben bereit sind. In gewisser Hinsicht sind sie die bequemeren Partner. Die Erwartungen der interreligiös Engagierten andererseits machen sich umso stärker bemerkbar, je mehr diese aus allen Religionen auf interreligiösen Foren und Veranstaltungen zusammentreffen, sich in Organisationen dieser Art zusammenschließen und interreligiöse Friedensarbeit betreiben (Weltkonferenz der Religionen für den Frieden, Weltbund für Religiöse Freiheit u. a.). Dabei zeigt es sich freilich auch, daß es keine allgemein gültige Definition dessen gibt, was Religionen miteinander verbindet, sondern daß dies von jeder Religion auf ihre Weise bestimmt werden muß. Nur soviel läßt sich sagen: am häufigsten und leichtesten wird im interreligiösen Bereich dieses Gemeinsame im Sinne eines mystischen Religionsverständnisses definiert.

d) Gemeinsame Front gegen den Säkularismus

Erwartungen anderer Art hängen mit dem zusammen, was gegenwärtig unter den Stichworten Entkirchlichung, Säkularisierung und Werteverfall erörtert wird. Vor allem der Islam beklagt, daß dem Christentum die Macht zu fehlen scheine, das Leben der Gesellschaft im Sinne des göttlichen Gesetzes zu gestalten und wirkliche Widerstandskraft gegen den neuen Materialismus zu entwickeln. Im Namen der Theonomie wendet sich der Islam gegen die autonome Moral des Westens und gegen deren Einfluß auf die jungen Muslime im Westen. Dagegen stellt er die traditionellen islamischen Werte und die Rechtsordnung der »Sharia«. Aus seiner Sicht erscheint die Trennung von Religion und Gesellschaft, wie sie sich im christlichen Bereich entwickelt hat, als Heuchelei. Solche Gedanken können zu einer systematischen Kapitalismuskritik weitergeführt werden. Auf diesem Hintergrund stellt sich eine auf den Islam gegründete Gesellschaftsordnung als überlegene Alternative zu Kapitalismus und Kommunismus dar.

Der Buddhismus kann von anderen Voraussetzungen her zu einer ähnlichen Sicht gelangen: Religion als dritter Weg, der aus der durch den Materialismus hervorgerufenen Krise führen soll.

Vom Christentum erwartet der Buddhismus, wie auch der Islam, in dieser Situation Bundesgenossenschaft der Religionen gegen die verschiedenen Formen des Säkularismus und eine bewußte Abkehr vom westlichen Wirtschaftssystem. Die moderne Wettbewerbsgesellschaft wird als eine Zivilisation empfunden, die auf Gier gegründet ist – nach buddhistischem Verständnis eine Hauptquelle des Übels. Alle Konzeptionen dieser Art neigen zu einem islamischen oder buddistischen Sozialismus. Freilich zeigen andere Beispiele, daß das Christentum auch als Befreiung von der Übermacht konfuzianischer und kommunistischer Ordnungsvorstellungen erfahren werden kann.

e) Christentum ohne Spiritualität

Von einem Hindu-Swami wird berichtet, er habe auf eine christliche Einladung zum Dialog geantwortet: »Das wollen wir gerne tun, doch was sollen wir von Ihnen lernen?« Hindus konstatieren bei Christen häufig eine Lücke zwischen sozialer Aktivität und dogmatisch-theologischer Arbeit, nämlich im Bereich der spirituellen Praxis. Daraus resultiert eine oft beobachtete Interessenlosigkeit gegenüber dem Christentum, vielleicht noch verstärkt durch eine selbstsichere Unangefochtenheit des eigenen Glaubens, die man bei Christen nur noch selten findet (und vielleicht auch gar nicht finden möchte). Der hohe Stellenwert des spirituellen Lebens in den asiatischen Religionen macht sich auch im Zweifel am Sinn eines akademischen Dialogs im westlichen Sinn bemerkbar. »Wenn ihr wirklich von uns lernen wollt, warum nehmt ihr nicht die traditionelle indische Haltung des Jüngers an? Kommt mit Demut und Aufrichtigkeit zu Füßen irgendeines echten Gurus ...«, hat ein anderer indischer Mönch gesagt (Brief von Sivendra Prakash an C. Murray Rogers, deutsche Übersetzung zitiert nach: Christentum im Spiegel der Weltreligionen, hg. von H.-J. Loth, 297). Aus solchen Erfahrungen hat sich die Praxis des spirituellen Dialogs bzw. der Begegnung von Spiritualitäten entwickelt.

Obwohl in diesem Bereich vom Christentum wenig erwartet wird, bleibt doch das Ansinnen an die Christen, vor allem an solche, die im interreligiösen Dialog engagiert sind, sich selbst und anderen Rechenschaft über das abzulegen, was an den Nahtstellen zwischen Glauben und Leben sowie zwischen Glauben und Denken den Kern ihrer religiösen Existenz ausmacht.

2. Die in Europa missionierenden Religionen

a) Die Begegnung mit dem Islam als Frage nach der Einheit von Religion und Politik

1. Grundinformation
Der Islam teilt die Botschaft von dem Einen Gott (*Allah*) mit dem Judentum und dem Christentum. Das gleiche gilt von der Bindung des Glaubens an ein heiliges Buch, im Islam an den Koran. Beides geht zurück auf Mohammed ibn Abdallah (ca. 570 – 632 n. Chr.). Nach einer um das Jahr 612 empfangenen Lichtvision folgte er dem darin erhaltenen Auftrag, Gottes Einheit, seine umfassende Schöpfermacht, das Endgericht und daraus folgend die Hingabe des Menschen an den Willen des einen Gottes (*islam*) zu verkündigen.

Der Koran, die Gesamtheit der von Mohammed empfangenen und für die Rechtleitung der Menschen bestimmten Worte, ist nach islamischem Selbstverständnis das ewige, unabänderliche Wort Gottes. Gegenüber früheren schriftlichen Gottesoffenbarungen wie der Thora und dem Evangelium (*indschil*) versteht sich der Koran als letzte, endgültige, korrigierende Zusammenfassung.

Darum ist nach Sure 33, 40 Mohammed als Gesandter (*rasul*) Gottes das »Siegel der Propheten«, der den Koran vermittelt und durch sein Leben die »Tradition« (*sunna*) verbindlich interpretiert. Er ist als Siegel das Schlußglied der langen Kette von Propheten und Gesandten, die Gott geschickt hat, um den Menschen den richtigen Glaubensweg zu verkünden. In dieser Kette werden auch biblische Gestalten wie Noah, Abraham, Josef, Mose und vor allem Jesus genannt. Jesus erfährt im Koran große Hochschätzung:

Er wird durch das mächtige Gotteswort ohne Zutun eines Menschen allein von Maria geboren. Sein enges Verhältnis zu Gott läßt ihn Wunder vollbringen. Er ist mit Gottes Geist begabt.

Andererseits ist Jesus Mohammed zeitlich vor – und damit untergeordnet: Er weist nach Sure 61, 6 auf Mohammeds Kommen hin; sein Tun – die Predigt des Evangeliums als Diener Gottes und Gesandter – erfährt erst im Kommen Mohammeds seine Vollendung. Damit lehnt der Koran das Bekenntnis zur Gottessohnschaft Jesu strikt als »Beigesellung anderer Götter« zu Gott ab. Daher besitzt auch der Kreuzestod Jesu keinerlei Heilsbedeutung. Er wird nach der Interpretation der meisten sunnitischen Kommentatoren durch Sure 3,54ff sogar geleugnet: Die Juden kreuzigten nicht Jesus, sondern einen anderen an seiner Stelle.

Neben der Glaubenslehre stehen fünf Grundrichtlinien für das korrekte Handeln im Glauben, die »fünf Säulen«. Für den Islam ist die Orthopraxie wichtiger als die Orthodoxie, denn er ist vor allem din, »Lebensführung«. Sie besteht in den fünf Grundregeln und ihrer Einhaltung, in

- dem täglichen Bekenntnis zu Allah und zu Mohammed als seinem Propheten (*shahada*)
- dem täglich fünfmal durchzuführenden rituellen Gebet (*salah*). Es findet sein Zentrum in der sadscha, der mehrfach vollzogenen Niederwerfung vor Gott in jedem Gebet
- dem Tagesfasten im Monat Ramadan (*saum*) mit der Selbstverpflichtung zu treuerem Glaubensgehorsam
- der Sozialabgabe, durch die sich der Mensch vor Gott reinigt und dem Nächsten hilft (*sakat*)
- der einmal im Leben durchzuführenden Pilgerfahrt nach Mekka (*hadsch*).

Alle diese Regeln drücken aus, daß der Mensch für Gott in die Pflicht genommen ist. Sie sollen nicht nur die Privatsphäre des einzelnen bestimmen, sondern auch das gesamte Leben in der Öffentlichkeit.

Die Ausrichtung des Islam auf fest vorgeschriebene Regeln, die durch äußeres Tun erfüllbar sind, erfährt eine wesentliche Korrektur und Verinnerlichung durch die islamische Mystik, den Sufismus, und die von ihm bis heute beeinflußten Volksbewegungen.

2. Das Auseinanderbrechen des Islam in Sunniten und Schiiten

Die Tatsache, daß Mohammed 632 ohne männliche Nachkommen und ohne einen designierten Nachfolger starb, warf das Problem seiner Nachfolge im religiösen, rechtlichen und politischen Leben auf und führte zur Spaltung des Islam in die der »Tradition« des Propheten (*sunna*) folgenden Sunniten und die an einen mit Mohammed blutsverwandten Imam gebundenen Schiiten.

Zwischen den etwa 15 % aller Muslime ausmachenden Schiiten und der Mehrheit der Sunniten ergeben sich als Unterschiede einmal die autoritative Bindung der Koranauslegung an den Stellvertreter des *Imam* bei den Schiiten, während die Sunniten in Übereinstimmung mit einer der vier Rechtsschulen den Konsens der *umma*, der islamischen Gemeinde, suchen, sowie zweitens die theologische Verarbeitung von Leiden und Mißerfolg, eine Frucht der leidvollen Erfahrungen in der Geschichte der Schiiten. Andererseits steht über allen Unterschieden doch die Gemeinschaft im Gebet.

3. Die politische Komponente des Islam

Die radikale Betonung des Monotheismus durch Mohammed führte zu Auseinandersetzungen mit den um ihr polytheistisches Heiligtum, die Kaaba, besorgten Bewohner von Mekka. Schließlich sah sich Mohammed gezwungen, mit seinen Anhängern nach Jathrib – Medina auszuwandern (Hidschra 622). Dort gründete er mit seinen Anhängern und den Einwohnern der Stadt das Urbild der islamischen Gemeinde, in der nicht mehr Stammeszugehörigkeit und Verwandtschaft, sondern die gemeinsame Religion der entscheidende Faktor des gesamten kommunalen Lebens sein soll. Religion und Politik, Religion und Recht fielen hier zum erstenmal weitgehend zusammen. Die neue Gemeinschaft wurde politisch und militärisch so erfolgreich, daß sie unter der Führung Mohammeds Mekka kampflos einnahm. So konnte die Stadt durch die Einsetzung der Wallfahrt zu der nunmehr gereinigten Kaaba zum religiösen Zentrum für die Verehrung des einen Gottes im gesamten Islam werden.

Gegenüber den im Bereich der *umma* lebenden Minderheiten der Juden und Christen, die als »Schriftbesitzer« ebenfalls als Monotheisten anerkannt wurden, verhielt sich die umma weithin tolerant. Christen und Juden wurden als »Schutzbefohlene« eingestuft. Sie wurden damit zwar zu Bürgern niedrigerer Rangstufe, konnten aber als eine eigene Religion- und Sozialgemeinschaft ihre inneren Angelegenheiten selbst regeln.

Die umma von Medina besitzt bis heute exemplarischen Wert für jede muslimische Gemeinschaft. Damit ist für den Islam das Ineinander von Religion und Politik von seinen historischen Wurzeln her vorgegeben. Hier unterscheidet sich der Islam vom Christentum: Die Christen wurden in den ersten drei Jahrhunderten ihrer Geschichte immer wieder neu von den politisch Mächtigen verfolgt. Erst mit der konstantinischen Wende hat sich die Kirche mit dem Staat verbunden. Trotzdem kann aufgrund der ursprünglichen Weichenstellung durch Jesus selbst wie durch die Apostel das Verhältnis von christlicher Kirche zum Staat allenfalls als »kritische Partnerschaft« beschrieben werden.

Die aggressiven Komponenten islamischer Politik werden in westlicher Sicht oft mit dem Konzept des *dschihad* (»Heiliger Krieg«) in Verbindung gebracht. Aber *dschihad* bedeutet zunächst die Anstrengung des einzelnen und der Gemeinschaft, um Gottes Gesetz zu erfüllen. Diese »Anstrengung« kann sich aber auch als Verteidigung des »Hauses des Islam« gegen die nicht-islamische Welt richten, sofern sie das »Haus des Islam« bedroht und angreift. Damit kann *dschihad* militärischen Charakter annehmen. Im Gegensatz zu dem mit konkreten Ländern und Staaten identischen »Haus des Islam« ist das »Reich Gottes« im christlichen Sinn nicht von dieser Welt (Joh 18, 36) und nicht mit bestimmten politischen Gebilden gleichzusetzen. Es kann deshalb auch nicht mit politischen Mitteln oder Gewalt verteidigt werden.

4. Der Islam auf der Suche nach seiner Identität in der heutigen Welt

In der Gegenwart versuchen viele Muslime, für die Gemeinschaft der Gläubigen Wege zu finden, um sie als das ideale und politische Gemeinwesen neu zu gestalten, das sich ganz der göttlichen Rechtleitung unterworfen weiß. So wird die Frage dringend, wie der gottgewollte Staat realisiert werden kann – in einer weitgehend säkularen Umgebung, in einer Umwelt, die von christlichen Werten und Sitten stark geprägt ist, in einer Welt, in der die Völker bis in den islamischen Bereich hinein im Widerspruch zum Koran dem Kapitalismus oder dem atheistischen Sozialismus huldigen. Darum wird die Rückkehr zu den Quellen gefordert –, zu Koran und Sunna oder doch wenigstens zum Koran. Dabei führt die sogenannte »Re-Islamisierung« in Ablehnung moderner Errungenschaften auch zu verschiedenen Formen fundamentalistischer Verengung.

Bei dem Ringen um eine zeitgemäße islamische Identität wird in der Shia eine apokalyptische Komponente deutlich. Für die Shia liegt die Norm für das rechtgleitete Staatswesen in der Wiederkunft des erwarteten Imam. Die Verfassung des Iran weist ausdrücklich auf ihn hin. Alles gegenwärtige politische Handeln muß auf sein Kommen hin ausgerichtet sein. Auch die Vertreter eines islamischen »Modernismus«, die Grundzüge der modernen Welt im Koran wiederzufinden meinen, lehnen die Trennung zwischen Religion und Politik nach westlichem Vorbild ab.

5. Gemeinsamkeiten und Unterschiede

Der Islam zeigt als Religion, die nach dem Christentum entstanden ist und die bewußt und unbewußt christliches Gedankengut aufgenommen hat, zahlreiche Berührungspunkte, aber eben auch tiefgreifende Unterschiede zum christlichen Glauben. Beides gilt für den Gottesbegriff, für das Verständnis von schriftlicher Offenbarung, für die Person Jesu und die Christologie, vor allem aber auch – teilweise im Zusammenhang mit dem letztgenannten Punkt – für die Frage nach der Erlösungsbedürftigkeit des Menschen. Islam und Christentum zeigen viel Verwandtschaft im Verständnis des Gesetzes als des heiligen, nicht hinterfragbaren Willens Gottes, der für alle Lebensbereiche Geltung hat. Wie der Islam, so kennt auch das Christentum die letzte Verantwortlichkeit des Menschen vor Gott, deren Ausdruck das gemeinsame Wissen um das Endgericht ist. Beiden Religionen ist auch die Verbindung zwischen Glauben und sozialem Handeln gemeinsam.

Aber während für den Koran das Gesetz Gottes grundsätzlich erfüllbar ist, rechnen die Christen mit ihrem Versagen. Sie wissen, daß ihre Beziehung zu Gott durch die Erfüllung des Gesetzes nicht positiv gelingen kann. Vor allem zeigt die Theologie des Paulus und auf ihr fußend die reformatorische Theologie die Andersartigkeit des christlichen Verständnisses von Sünde: Sünde ist nicht – wie im Islam – eine verzeihliche Einzelsünde oder eine Gebotsübertretung, die wiedergutgemacht werden kann. In den einzelnen Sünden zeigt sich vielmehr eine das ganze Leben umfassende »Sündhaftigkeit« des Menschen. Denn der Mensch lebt in seinem Bestreben nach Selbstbehauptung in einem grundsätzlichen Nein gegen Gott. Erst das Evangelium von Gottes Vergebung und seiner Liebe, wie sie in Jesus Christus, dem Sohn Gottes, sichtbar wird, eröffnet das neue Gottesverhältnis, in dem die Menschen dem Vater aus Dank gehorsam sein können. Die Divergenz im Verständnis des Gesetzes hängt so letztlich zusammen mit der Frage nach der Erlösung des Menschen und der Bedeutung Christi.

b) Die Begegnung mit dem Hinduismus als Frage nach dem Monotheismus

1. Grundinformation

Alle Versuche, die unter der (westlichen) Bezeichnung »Hinduismus« zusammengefaßten religiösen Traditionen Indiens aus religionswissenschaftlicher oder christlich-theologischer Sicht auf eine einfache Formel zu bringen, haben sich bislang als unzureichend erwiesen. Der Hinduismus ist eine gewachsene, keine gestiftete Religion mit einer unübersehbaren Fülle von Lehren, Kulten, Riten und Praktiken. Er wölbt sich wie ein Dach über die Vielfalt religionaler und lokaler Traditionen bis hin zu »primitiven« Formen der Volksfrömmigkeit. Schon früh bestand eine wesentliche Aufgabe hinduistischen Denkens in der Bewältigung der religiösen Pluralität und in der Schaffung einer umfassenden Synthese, in der jede Form von Religion einen angemessenen Platz findet.

Hindu im traditionellen Sinn wurde man dadurch, daß man als Inder in eine Kaste hineingeboren wird. Die Anerkennung der ewigen Ordnung (Dharma) der Kasten und Lebensstadien (mit dem Mönchsstand als dem letzten und höchsten von ihnen) ist den meisten Hindutraditionen gemeinsam. Erst der Neohinduismus hat diese enge Verbindung von Religion und Sozialsystem aufgebrochen. Aber auch er versteht den Hinduismus eher als eine Kultur und einen »way of life« denn als ein Glaubenssystem.

Auch beim hinduistischen Verständnis von Heil und Unheil spielt der Gedanke der Einheit eine wichtige Rolle. Die Kernaussage der frühen Upanischaden lautet: Der individuelle Personenkern (der Seelengrund, *atman*) ist mit dem Einen hinter der Erscheinungswelt (dem Weltengrund, *brahman*) identisch. Die Realisierung dieser Einheit bzw. die Verschmelzung des Atman mit dem Brahman gilt in vielen Hindutraditionen als Weg zur Befreiung, besonders in der All-Einheitslehre des Advaita-Philosophen Shankara, der bis heute das religiöse Denken vieler gebildeter Hindus bestimmt. Negativ wird das Heil als Befreiung aus dem Kreislauf der Wiedergeburten verstanden. Mit dieser ist die Vorstellung verbunden, daß der Mensch mit den Folgen seines früheren Tuns (*karma*) immer wieder konfrontiert wird. Letztlich ist es das Karma, das zu immer neuen Existenzen führt und den Kreislauf der Geburten in Gang hält.

Um diesen Kreislauf zum Stillstand zu bringen, sind im Hinduismus unterschiedliche Befreiungswege (*marga*) entwickelt worden. Häufig werden drei Wege unterschieden: der Erkenntnis, der hingebenden Gottesliebe (*bhakti*) und des Handelns. Bei all diesen Wegen nimmt die spirituelle Praxis einen bedeutungsvollen Platz ein, insbesondere der Yoga. Als grundlegend gilt immer noch der von Patanjali gelehrte achtgliedrige Yoga-Pfad. Er verbindet moralische und religiöse Disziplinen, körperliche und geistige Übungen sowie mystische Erfahrungen miteinander.

Yogische Meditation in diesem Sinne muß von einem Guru gelehrt werden, der den ihm gehorsamen Schüler in seinen speziellen Yoga-Weg initiiert. In der Zeremonie der Initiation wird der Schüler in die jeweilige Guru-Tradition hineingestellt, deren Geheimnisse und Kräfte werden ihm vermittelt. Bei der Initiation wird ihm meistens ein Mantra gegeben, eine machtgeladene Rezitationsformel, die als die Klanggestalt der Gottheit verstanden wird. Dieser Zusammenhang von Guru, Initiation und Mantra ist als geistiger Hintergrund vieler indischer Guru-Bewegungen im Westen wichtig.

Die Begegnung des Hinduismus mit dem Westen und dem Christentum hat im 19. Jahrhundert zu einer Renaissance und zur Entstehung eines universalen Sendungsbewustseins geführt. Der wichtigste Vertreter dieses Neohinduismus war Svami Vivekananda (1863–1902). In Gestalt der Ramakrishna-Mission schuf er eine Orgnisation, die zugleich der Sozialarbeit in Indien und der weltweiten Ausbreitung indischer Spiritualität verpflichtet ist. Auch erneuerte er die alte vedantische Erkenntnisschau zu einer umfassenden, »neovedantischen« Synthese der Religionen: Über den Theismus der Massen (Gott über mir) führt hinaus die Gotteserkenntnis (Gott in mir) und schließlich die höchste Erfahrung der Identität von Atman und Brahman (»Ich bin Gott«). Das Christentum erscheint aus dieser Sicht als westliche Form theistischer Gottesverehrung. Vivekananda hat auch die damals ins Zwielicht geratene Guru-Verehrung rehabilitiert, den Guru zum weltweiten Künder indischer Sprirtualität gemacht und durch seine Reisen nach Amerika und Europa selbst das Zeitalter organisierter Hindu-Mission im Westen eingeläutet.

Aurobindo Ghosh (1872–1950) hat auf der Grundlage traditioneller hinduistischer Vorstellungen einen religiösen Evolutionismus entwickelt, der heute als Hoffnungsbotschaft auf den Westen zurückwirkt: Der Aufstieg von der Materie über das tierische Leben und das mentale Bewußtsein geht weiter in Richtung des Übermenschen mit dem supramentalen Bewußtsein. Der Aurobindo-Ashram und die »Zukunftsstadt« Auroville in Südindien sind auf diesem geistigen Hintergrund zu einem Anziehungspunkt für Suchende aus dem Westen geworden. Die Universalisierungstendenzen des Neohinduismus haben den Hinduismus über die indischen Grenzen hinaus zu einem wichtigen Faktor in der interreligiösen Dynamik und im Gespräch der Religionen gemacht.

2. Monotheismus und Polytheismus

Nicht nur die frühen christlichen Missionare, sondern auch die heutigen Indienreisenden werden beim Anblick indischer Tempel von der Fülle der Göttergestalten zu dem Schluß verleitet, die Gottesvorstellung des Hinduismus sei ein primitiver Polytheismus. In Wirklichkeit kennt auch der Hinduismus Wege, die polytheistische Bilderverehrung zu überwinden. Er tut das freilich nicht bilderstürmerisch, sondern indem er dazu anleitet, die Vielheit der Götter auf den Einen oder das Eine hin zu transzendieren. Dabei kann man monistische und monotheistische Konzeptionen zur Überwindung des Polytheismus voneinander unterscheiden:

Monistisch ist die upanischadische Konzeption des Absoluten (*brahman*). Das Brahman wird im allgemeinen als eine philosophische Vorstellung verstanden, nicht als ein Gegenstand kultisch-ritueller Verehrung. Konkrete Gottheiten werden als Manifestation des Absoluten auf der Ebene des Relativen und Sichtbaren betrachtet. Es gibt im Hinduismus auch einen monotheistisch gedachten höchsten Gott (Ishvara oder Bhagavan). Dieser kann mit dem »*saguna brahman*«, dem Brahman ohne Eigenschaften, identifiziert werden, im Unterschied zum eigenschaftslosen (*nirguna*) Brahman in seiner unmanifestierten reinen Jenseitigkeit. Für die Anhänger der (neo)vedantischen All-Einheitslehre wie Svami Vivekananda ist die Erfahrung der Identität von Atman und Brahman die höchste Form der Gottesverehrung.

Die überwiegende Zahl der Hindus dagegen betrachtet die Verehrung des höchsten Gottes als die überlegene Form der Gottesverehrung. Die höchste Gottheit wird zwar unter verschiedenen Namen verehrt, vor allem als Shiva, Vishnu oder als eine der weiblichen Gottheiten (*shakti*). Entsprechend unterscheidet man zwischen Shivaiten, Vishnuiten und Skaktisten als den großen Schulen des Hinduismus. Es herrscht aber weitgehend Übereinstimmung darüber, daß es sich um ein- und dieselbe höchste Gottheit handelt. Dafür ist der paradoxe Ausdruck »polymorpher Monotheismus« geprägt worden: Ein Gott, der drei Formen hat. Schöpfung, Erhaltung und Zerstörung der Welt liegen – in der Regel – in der Hand einer Gottheit und verteilen sich nicht auf verschiedene Götter, obgleich die bekannte Trimurti-Darstellung das suggeriert. Auch wo dieses monotheistische Grundverständnis nicht explizit vorhanden ist, hält der Hindu sich doch überwiegend an die Regel, daß man nur einen einzigen »*Ishta Devata*«, eine erwählte und bevorzugte Gottheit, haben soll, auf die sich die Verehrung des einzelnen oder der Familie konzentriert. Die exklusive Verehrung der Wahlgottheit kann sich zur Ablehnung steigern, an anderen Kulten teilzunehmen. Durchweg findet sich jedoch eine »inklusivistische« Anerkennung anderer Gottheiten, eine Bereitschaft, diese der eigenen Gottheit zu- oder unterzuordnen. Unter verschiedenen Namen wird letztlich der gleiche Gott verehrt.

Die Bilderverehrung wird im Hinduismus häufig als Konzession an die religiös weniger Qualifizierten betrachtet. Für den Fortgeschrittenen gibt es einen Stufenweg der Verehrung: Er kann mit der Verehrung einer niederen Manifestation beginnen (und auch immer wieder zu ihr zurückkehren), sollte aber darüber hinaus zu höheren Formen (etwa einem Avatara) weiterschreiten, um schließlich, wenn er die Wahrheit völlig realisiert hat, den höchsten Herrn selbst anzubeten. Diese spezifische Form der inhaltlichen Toleranz, die auf Abstufungen und Abwertungen nicht verzichtet, letztlich aber auch die »Tür für den Latrinenkehrer« (Ramakrishna) als Eingang in das Haus der Gottesverehrung gelten läßt, ist typisch für den hinduistischen Umgang mit dem religiösen Pluralismus.

3. Auf der Suche nach Gemeinsamkeiten

Das II. Vatikanische Konzil hat am Hinduismus gewürdigt, daß die Menschen in ihm das göttliche Geheimnis in seinen Tiefen erforschen und es in einem unerschöpflichen Reichtum von Mythen und in tiefdringenden philosophischen Versuchen zum Ausdruck bringen. Nähe zwischen Hinduismus und Christentum wird spürbar, wo es in beiden Religionen – freilich mit unterschiedlichem Stellenwert – um mystische Gotteserfahrung geht. Je stärker das Christentum als mystische Religion empfunden wird, desto eher werden Gemeinsamkeiten an dieser Stelle gesucht.

Dabei macht sich die Vielfalt hinduistischer Befreiungswege bemerkbar. Häufig ist, von christlicher wie von hinduistischer Seite, das Christentum als Bhakti Marga, als ein Weg der hingebenden

Gottesliebe betrachtet worden. Der südindische Bischof Appasamy und Religionswissenschaftler wie R. Otto und R.C. Zaehner haben die indische *Bhakti* als dem christlichen Glauben wesensverwandt empfunden. Der hinduistische *Avatara*-Begriff, der vor allem in der vishnuitischen Bhakti zu Hause ist, konnte für christologische Aussagen in Anspruch genommen werden: Christus als der »integrale *Avatara*«. Auch von hinduistischer Seite ist die beiden Religionen gemeinsame Einsicht betont worden, daß Gott sich im Bereich der Erscheinungswelt »inkarniert«.

Für den vom All-Einheitsdenken geprägten Teil des Hinduismus stellt der Theismus freilich nur eine niedere Form der Gottesverehrung dar. Wer Gemeinsamkeiten mit ihm, dem Advaita-Vedanta, sucht, muß an der All-Einheitserfahrung ansetzen. Svami Abhishiktananda (der Benediktinermönch H. le Saux) zum Beispiel plädiert dafür, daß Christen und Hindus einander in der Tiefe des Herzens begegnen, eine unmittelbare Erfahrung der Nichtdualität der Existenz machen, von dort aber weiterschreiten zur noch tieferen Erfahrung der göttlichen Trinität. Die Erfahrung des Brahman als Sein, Bewußtsein und Glückseligkeit (*Saccidananda*) vertieft sich auf diese Weise zur Erfahrung der Dreieinigkeit Gottes.

Gerade in den Gemeinsamkeiten brechen aber auch unübersehbar die Unterschiede auf: Mit dem Konzept des »*Avatara*«, mißverständlich als »Inkarnation« übersetzt, ist der Gedanke der Wiederholbarkeit unlöslich verbunden – im Gegensatz zur Einmaligkeit der Menschwerdung Gottes in christlichem Verständnis.

Die Mystik des *Advaita* wiederum ist und bleibt Identitätsmystik, nicht personale Mystik der Partizipation. Dem hinduistischen *Advaita*-Anhänger muß das christliche Beharren auf dem Unterschied zwischen Gott und Mensch als Erweis eines unerleuchteten Geisteszustands erscheinen. – Die Mühe der Annäherung ist trotzdem nicht umsonst, weil sie Gemeinsamkeiten und Unterschiede dort sichtbar macht, wo sie wirklich liegen, nicht wo Bedürfnisse der Abgrenzung bzw. der Harmonisierung sie vorschnell konstatieren wollen.

c) Die Begegnung mit dem Buddhismus als Frage nach der Leidensaufhebung und einer selbstlosen Existenz

1. Grundinformation

Der Buddhismus wird im Abendland vielfach als philosophischer Weltentwurf verhandelt und rezipiert. Er will aber mehr sein, denn er dient nach dem Willen seines Stifters der Erlösung. In der Mönchsordnung, in der Ethik, in der rituellen Begleitung des Lebens seiner Anhänger ist er durch und durch Religion. Buddha ist Religionsstifter und muß als solcher in seiner Lehre und seinem Anspruch ernstgenommen werden. »Licht ohn' Gleichen« hat er sich genannt, »der Heilige in der Welt«, der »unvergleichliche Lehrer«, der »vollkommen Erleuchtete«.

Buddhas Selbstbewußtsein hat nichts mit Überheblichkeit zu tun, sondern war ihm mit der Erleuchtung gegeben. Sie hat ihm die Einsicht in alle Weltzusammenhänge gegeben und in einem Nu den Weg der Erlösung nicht nur für sich, sondern für alle Lebewesen erkennen lassen, darum konnte er nicht anders, als in vollkommener, sicherer Ruhe und Gelassenheit den absoluten Wahrheitsanspruch seiner Erkenntnis und seiner Lehre zu vertreten.

Über das Leben dieses Mannes wissen wir historisch nur sehr wenig Verläßliches. Die Legende hat sich seiner Gestalt bemächtigt, die heiligen Schriften haben dem eine kanonisierte Form gegeben. Nicht mehr die historische Gestalt des legendären Prinzensohnes aus der Kaste der Ksatriya, der am Fuße des Himalaya geboren wurde, als solche ist heute wichtig, sondern der Mann, der durch fromme, selbstlose Taten in unendlich vielen Wiedergeburten sein Leben in der letzten Wiedergeburt vorbereitete, in der er Erleuchtung erlangen und endgültig ins Nirwana eingehen würde. So preist man ihn denn in aller Welt.

Vierzig Jahre zog Buddha, nachdem er das Elternhaus verlassen und im Alter von 35 Jahren bei Uruvela die Erleuchtung gewonnen hatte, predigend und seine Jünger unterrichtend durch das Land. Wie das Christentum ist der Buddhismus eine missionarische Religion. Wie Jesus sandte auch Buddha seine Jünger aus: »Geht auf die Wanderschaft zum Heile der Vielen, zum Segen der Vielen, aus Mitleid mit der Welt, zum Nutzen, zum Heile, zum Segen für

Gott und Menschen. Geht nicht zu zweit zusammen. Predigt, Mönche, die Lehre, die am Anfang gut ist, in der Mitte gut ist, im Ende gut ist, im Geiste wie im Wort. Legt zutage einen vollerfüllten, reinen Tugendwandel!«

Das Ende des Lebens Buddhas war überschattet von Spaltungen seiner Mönchsgemeinde und Auseinandersetzungen unter seinen Laienanhängern. In Kulinagara starb Buddha um das Jahr 542 v. Chr. (so die offizielle buddhistische Version). In sieben Urnen wurde seine Asche verteilt und unter verschiedenen Gedenksteinen (Stupas) begraben. Die der Familie der Gautami bei Prava wurde im Jahre 1898 entdeckt und ausgegraben.

2. Die Frage nach der Leidensaufhebung

Buddhas Lehre wird gern in den sog. »Vier edlen Wahrheiten« zusammengefaßt. Sie gehen offenbar auf Buddhas erste Predigten zurück. Man versteht sie am ehesten, wenn man sie gleichsam als Antworten auf die traditionellen Fragen eines indischen Arztes ansieht, der zu einem Patienten gerufen wurde. Ist der Mensch krank, so fragt der Arzt. Wenn ja, was ist die Ursache der Krankheit? Ist sie heilbar oder nicht? Wenn sie heilbar ist, welche Medizin muß verabreicht werden? Buddhas Diagnose lautet: Der Mensch ist krank. Das ganze Leben des Menschen muß als Krankheit diagnostiziert werden, genauer als Leiden. Leiden ist die umfassendste Kategorie des Lebens. Leid ist aber nicht einfach zu verstehen als Gegenbild von Freude und Glück, sondern Erfahrung von Glück muß unter die Erfahrung des Leidens subsumiert werden und ist dort eingeschlossen. Denn gerade im Moment des höchsten Glückes spürt man am tiefsten die Vergänglichkeit, die das Wesen des Leidens ausmacht. Leben kann nicht festgehalten werden. Es gibt nichts, was Bestand hat.

In dieser Erfahrung spiegelt sich nicht eine pessimistische Lebenshaltung wider, sondern eine Analyse des Daseins, in dem Buddha kein Sein und keinen unvergänglichen Faktor entdecken kann. Wir haben nur den Schein von Wirklichkeit vor Augen, sehen das Leben nur wie die schnelle Abfolge von Bildern eines Films, die den Schein von Identität vermitteln, in Wirklichkeit gibt es nicht einmal ein ewiges, unteilbares Atom. Wie es keinen Bestand, kein »Sein« in einer Flamme gibt, wie wir nur die schnelle Folge von Verbrennungen Flamme nennen, so hat auch der Mensch kein Sein. Nama-rupa, Name und Form, Benennung und die schnelle Aneinanderreihung von Daseinsfaktoren, das ist der Mensch. Er hat keine unsterbliche Seele, ist kein unvergängliches Ich, kein einmaliges Sinnganzes, nicht Geschöpf, sondern er ist wesentlich Vergänglichkeit wie alle anderen Lebewesen vor und neben ihm, und das heißt, sein Dasein ist vom Leid durchdrungen.

Der vornehmste Weg, diese Einsicht vom Wesen des Menschen, vom Kreislauf von Werden und Vergehen und die Befreiung davon zu erlangen, die via regia zur Erlösung, ist der Weg des Mönches, der sich in der Meditation übt. Die Ethik, der Tugendpfad gilt nur der Vorbereitung auf eine bessere Konzentration in der Meditation, umgibt und umhegt diese und ist der Weg für den Laien, eine bessere Existenz in der nächsten Wiedergeburt zu erlangen. Der direkte Weg ins Nirwana, ins Glück des Verlöschens, ist dem Laien so gut wie verschlossen, allein der Himmel steht ihm offen, ein Leben unter den Göttern – mit denen zusammen er jedoch dem Kreislauf der Wiedergeburten unterworfen ist.

Der Buddhismus ist in seiner strengen Askese und der harten Forderung, dem Streben nach Leben und Glück zu entsagen, eine Religion der Wenigen, der mönchischen Elite. Das konnte auf die Dauer die Massen nicht befriedigen. So nimmt es nicht Wunder, daß sich der Buddhismus auf seinem Siegeszug durch die asiatischen Völker wandelte und aus dem Fahrzeug für die Wenigen (Hinayana-Buddhismus) ein Fahrzeug für die Vielen (Mahayana-Buddhismus) wurde, das den Laien den Zugang zum Heil ebnete und die reine Negativität der Bestimmung ins Positive wandte und zum bestimmenden kosmischen Prinzip schlechthin machte. In der Drei-Leiber-Lehre (trikaya) konnte dabei zugleich die Bindung an den Buddha vertieft werden. Buddha selbst wird in seiner ursprünglichen Buddha-Natur (die von dem irdischen Leib zu unterscheiden ist) mit dem ewigen, wirklichen Sein identifiziert, der »Leerheit« (sanskr. *Sûnyatâ*), dem »Nichts« (jap. Mu). Jedem Wesen, dem Menschen sowohl wie dem Tier und jedem Stein liegt diese Buddha-Natur zugrunde, sie ist ihnen in gleicher Weise nah und präsent. Nur ein Wimperschlag des Erkennens trennt sie davon. Während der Hinayana-Buddhismus nur den einen engen Pfad zur Erlösung kennt, den der strengen Askese der mönchischen Tradition und Meditation, kennt der Mahayana-Buddhismus sowohl die Erlösung »aus der Kraft des anderen«, als auch die »aus eigener Kraft«. Der eine Weg wird im Amida-Buddhismus vertreten, der dadurch als reine Gnadenreligion gekennzeichnet ist und deshalb immer wieder das Interesse gerade protestantischer Theologen auf sich zieht, die andere Tradition lebt im Zen-Buddhismus, der wiederum durch seine ästhetische Weltbewältigung und sein durch die strenge Lebenszucht erworbene »zweite Natürlichkeit« auf Abendländer große Anziehungskraft ausübt.

3. Nähe und Distanz

Wie keine andere Religion hat der Buddhismus die Leiderfahrung ins Zentrum seiner Überzeugungen gestellt. Sie wird dabei so radikalisiert, daß sie alle Erfahrungen in ihren Strudel hineinreißt und zur umfassenden Kategorie von Leben-, Welt- und Kosmosdeutung schlechthin wird. Alles wird vom Leid bestimmt, ein Konnex zwischen persönlichem Tun und Ergehen besteht zwar, doch letztlich wird diese Ebene durchbrochen, denn das Leid ist eine dem Leben innewohnende Krankheit, die zwar durch böses Tun vergrößert, durch gute Taten aber nicht aufgehoben werden kann. Weltverneinung und Vermeidung aller Extreme ist die eine Konsequenz, die der Buddhismus daraus zieht, verstärkte Zuwendung zur Welt aus Mitleid mit allen Lebewesen ist die andere. Die zweite Form ist für den Abendländer attraktiv, zumal in der ästhetischen Form der Zen-Tradition. Die erste bleibt ihm fremd, es sei denn er wählt diesen schmalen strengen Weg, weil er durch tiefe Lebenskrisen durchgegangen ist. Der Buddhismus bietet darin Trost an, daß er die Leiderfahrung gleichsam neutralisiert, indem er sie ausweitet und als eingeborene, endemische Krankheit definiert. Alle sind in gleicher Weise davon betroffen, die Frage nach der Schuld ist nicht zulässig. Vergebung im strengen religiösen Sinn kann es nicht geben, da dafür keine Instanz vorhanden ist. Böses Tun ist eher als Dummheit anzusehen, da man sich die Folgen auf sein Haupt sammelt und in der nächsten oder in späteren Wiedergeburten auszutragen hat und somit seine Existenz im

Fluß der Vergänglichkeiten verlängert. Die Theodizeefrage kann nicht aufkommen.

Darin unterscheidet sich der Buddhismus diametral vom Christentum und seiner Bewältigung der Leiderfahrung. Gottes- und Schöpfungsglaube hier – das eherne Gesetz des Karma auf der anderen Seite. Leiderfahrung drängt im Christentum zu Gott hin – wie immer sie auch beantwortet werden mag – und drängt zum anderen hin zum Mitmenschen. Leiderfahrung führt in die Bindung, im Buddhismus aber soll sie von jeder Bindung befreien, gerade auch der transzendentalen.

Trotz dieser Differenz im zentralen Denken, sind im eher peripheren Bereich Annäherungen erkennbar. Da ist einerseits die vorbildhafte Haltung der Buddhisten gegenüber der Tier- und Naturwelt, die im generellen Verbot des Nichttötens ihren konkretesten Ausdruck findet und in der Tugend des Mitleids eine hohe Sensibilität im Umgang mit der Mitwelt bewirkt hat. Auch wenn bei näherem Zusehen die Haltung der »Güte« und des »Mitleids« erhebliche Differenzen zu dem der »Liebe« aufweist, angesichts der ökologischen Gefährdung unserer Welt wird es gut sein, wenn sich das Christentum durch die Begegnung mit dem Buddhismus anregen läßt, vertieft darüber nachzudenken, was der Schöpfungsbericht meint, wenn er von der Erhaltung der Erde spricht und was der Gedanke einer Solidargemeinschaft mit allen Lebewesen bedeutet.

Die Begegnung mit Menschen buddhistischer Länder läßt den Abendländer immer wieder überrascht sein von deren Gleichmut, Gelassenheit und Freundlichkeit. Ihre Lebenshaltung ist Frucht einer Ethik der strengen Zucht, die in den Klöstern ihren Hort hat. Es ist offenbar diese Mischung aus Zucht und Gelassenheit, die nicht nur vom Christentum entfremdete Abendländer fasziniert, sondern auch Christen anzieht, um mit Hilfe buddhistischer Meditationsübungen teilzubekommen an solcher Lebensbewältigung.

Daß Christen darüberhinaus mit Hilfe der Zen-Meditation eine neue Gotteserfahrung suchen, wirft neue Fragen auf, da die Vorstellung vom ewigen Sein Gottes von Buddha aufgrund der Radikalisierung der Leidens- und Vergänglichkeitsvorstellung unmöglich gemacht wurde. Nun hat aber gerade die religionsphilosophische Schule in Kyoto in bemerkenswerter Weise Brücken zu abendländischen Kategorien geschlagen, die den Austausch und die Annäherung beider Glaubensweisen vorangetrieben haben. Die absolute »Leerheit« (*Sûnyatâ*) so sahen wir, wird hier zum alles umfassenden Urgrund allen Seins, die ewige Buddha-Natur zur Heimat eines jeden Menschen, deren er durch Umkehr und Erleuchtung innewerden und an der er teilhaben kann. Das Selbst des Menschen muß sterben, um das wahre Selbst, das im Zen als »Nicht-Ich« erfahrbar wird, zu finden. Das Selbst, die Frage nach dem Ich steht dabei erneut zur Debatte. Für Christen bedeutet das, daß die Kategorien von Person, Persönlichkeit und Ich neu zu überdenken sind, da sie offenbar mehr vom modernen Subjektbegriff geprägt sind als vom biblischen Denken. Zurecht fragt man in der Kyoto-Schule – die sich in einigen ihren Vertretern nicht scheut, auch den Begriff »Gott« auf die Vorstellung von der absoluten »Leerheit« anzuwenden – mit Beharrlichkeit danach, wer der eigentliche Sprecher in Gal 2,20 ist und wer das Subjekt in Phil 2,7.

Im Dialog wird die Theologie an dieser Stelle die reformatorische Lehre von der Rechtfertigung des Sünders, die von dem durch den Glauben stattfindenden Subjektwechsel spricht, neu zum Leuchten bringen. Das alte Ich stirbt im fröhlichen Tausch mit Christus, der das neue, das eigentliche Subjekt des Menschen wird. Das Selbst des Menschen wird in den Tod gegeben. Der Glaubende empfängt ein neues Selbst außerhalb seiner selbst. Die Identität des Menschen ist nicht mehr in seinem Ich begründet. Kann es bei Nishitani, einem Vertreter der Kyoto-Philosophie, heißen: »Das Leere ist das Selbst«, so wird in ähnlicher Weise zu verstehen sein, daß Gott in Christus das eigentliche Subjekt der Welt und des gerechtfertigten Sünders ist. Die Befreiung vom Ich bewirkt Selbstlosigkeit, und das heißt, sie schenkt die Freiheit zum Mit-Leben mit der Welt in Liebe. Wie Christus sich zu entäußern und in Knechtgestalt liebend und dienend bei dem anderen, dem Mitmenschen zu sein – können wir darin nicht auch eine Parallelität zu der von Buddha gelehrten und gelebten Ethik selbstlosen Mitleids mit allen Lebewesen erkennen?

Es sind gerade die Konvenienzen zwischen Christentum und dem Mahayana-Buddhismus, die beide Religionen anleiten können, mit Hilfe der Rechtfertigungslehre erneut über das wahre Ich des Menschen nachzudenken, über die Notwendigkeit, sein Leben loszulassen und zu verlieren, das wahre Leben zu gewinnen (vgl. Lk 17,33), über die Kenosis des Menschen also erneut in den Dialog zu treten und über die nicht mehr aufzuschiebende Aufgabe, unsere seinsmäßige Verbundenheit mit der gesamten Kreatur zu erkennen und daraus die notwendigen Konsequenzen zu ziehen.

d) Die Begegnung mit dem Lamaismus als Frage nach der Inkarnation

1. Grundinformation

Der tibetische Lamaismus ist in mehreren Jahrhunderten aus einer Verbindung der angestammten tibetischen Bön-Religion mit dem indischen und chinesischen Buddhismus – sowohl des älteren Hinayana-Buddhismus wie des späteren tantrischen Buddhismus – entstanden. Die vielartigen Einflüsse dieser langen Geschichte haben sich in den verschiedenen Schulen des Lamaismus niedergeschlagen, die trotz ihrer tiefreichenden Unterschiede heute nebeneinander leben. Wir stellen aus der wechselvollen Entstehungsgeschichte die bedeutendste Phase derselben unter der Herrschaft des Königs Tisrong-detsân (wir notieren alle Namen nur nach ihrer Aussprache) kurz vor, an der die Probleme des wachsenden Lamaismus besonders klar sichtbar sind.

Der König Tisrong-detsân (755–797) folgte minderjährig seinem Vater auf dem Thron. Einige Adlige führten für ihn die Regierung. Sie versuchten, den Einfluß des unter dem Vater Tisrong-detsân's geschützten Buddhismus durch ein Verbot desselben zu beseitigen. Sie befürchteten den Einfluß der fremdländischen Mönche als unerwünschte Stärkung des Königtums ihren Privilegien gegenüber und gaben zumal ihrer Abneigung gegenüber den erotisierten tantrischen Formen des Buddhismus Ausdruck. In diesen beiden Richtungen ist der Widerstand gegen den eindringenden Buddhismus immer wieder mächtig geworden. Die angestammte Bön-Religion – eine schamanistische Naturreligion – hat zu der Zeit des jungen Tisrong-detsân in Anlehnung an die buddhistischen Systeme begonnen, sich zu einer anspruchsvollen Religion mit einer Literatur und einem Lehrgebäude zu entwickeln. Die Priesterschaften der westlichen Gebiete Tibets, wo heute noch die wesentlichsten Bön-Einflüsse mächtig sind, haben diese Systematisierung im 8. Jahrhundert bewirkt.

Der junge König neigt aber zum Buddhismus. Sobald er freie Hand hat, lädt er den großen buddhistischen Gelehrten Shântarakshita nach Tibet ein. Shântarakshita wird mit den Widerständen in Tibet nicht fertig und muß fliehen. Er empfiehlt die Berufung des berühmtesten Exorzisten der Zeit, nämlich Padmasambhavas. Padmasambhava kommt auch und bezwingt nach den Legenden die Dämonen des Schneelandes. Der Vajrayana-Buddhismus hat durch ihn den tibetischen Buddhismus stark geprägt. Das entscheidende Ereignis kam, nämlich die Gründung des Klosters Samyä – wohl im Jahre 787. Dieses Kloster war fortan der Mittelpunkt des tibetischen Buddhismus. An seiner Planung und Gründung soll sowohl Shântarakshita wie Padmasambhava beteiligt gewesen sein. Das heißt, daß sowohl der »reine« Buddhismus wie seine tantrischen Weiterbildungen ihr Teil dazu beitragen. Der Mittelbau von Samyä ist dreistöckig. Die Götterbilder des einen Stockwerks waren in indischem, des zweiten in chinesischem und des dritten in tibetischem Stil erstellt worden. Die drei gewichtigsten Einflüsse auf den Lamaismus bleiben auf diese Weise sichtbar. Nach der Weihe des Tempels wurden die Mönche der altbuddhistischen Schule der Sarvastivadins nach Samyä eingeladen und die ersten sieben Tibeter als Mönche eingeführt.

Am Ende der Regierungszeit des Königs Tisrong-detsân fanden zwei wichtige Disputationen statt. In der einen, die in Dönkhar stattfand, ging es um die Bön-Religion. Sie wurde in einer Disputation, in der Shantarakshita wie auch Padmasambhava mitwirkten, als falsch erwiesen und vom König verboten. In der anderen, die man das Konzil von Samyä nennt, und das zwischen 792 und 794 stattfand, ging es um den Einfluß des chinesischen Buddhismus. Hauptstreitpunkt war der Gewinn der Erleuchtung (*bodhi*). Nach indischer Auffassung erreichte man die Erleuchtung in einem langen mühsamen Vorgang von Zucht und Meditation. Nach chinesischer Auffassung kam die *bodhi* plötzlich und intuitiv über einen. Mühevolles moralisches wie theoretisches Streben ist dabei vom Übel. Nach der offiziellen Überlieferung unterlagen die chinesischen Mönche. Ihre Tradition lebt zwar noch, wie in der Dsogchempa-Schule. Die Wirren scheinen also nicht einfach behoben gewesen zu sein.

Aber die Hauptrichtung des tibetischen Lamaismus im Sinne des älteren Buddhismus ging wohl gestärkt aus diesen Kämpfen hervor. Grundlage bleibt die Lehre Nâgârjunas und seines »mittleren Weges«, nach dem Nirvâna und Samsâra nicht verschiedene Realitäten sind, sondern unter der *Sûnyatâ*, der absoluten Leere, als der sie vermittelnden Größe stehen. Diese Lehre des Nâgârjuna ist bis zum heutigen Tage die verbindliche Grundeinsicht des Lamaismus.

2. Von der Inkarnation

Der Lamaismus hat seine charakteristische Ausprägung durch die Reform des Tsong-kha-pa im 14. Jahrhundert erfahren. Tsong-kha-pa hat nämlich den drei Kleinodien, zu denen der Buddhist seine Zuflucht nimmt, Buddha, Lehre und Mönchsgemeinde, ein viertes den Lama hinzugefügt. Nichts geht in der Mönchsgemeinde ohne den Lama. Er ist die höchste Autorität. Er führt an die heiligen Schriften heran. Er erschließt jedes mystische Erleben im Tantrismus und verleiht durch die Initiation den Zugang zu allen Stufen desselben. Tsong-kha-pa hat durch die strenge Zucht in seiner Schule diese besondere Stellung des Lama gefestigt. Tsong-kha-pa ist 1357 im Osten Tibets geboren und nahm seinen Mönchsweg in verschiedenen Schulen und Klöstern. Er rechnete sich zu den Ka-dam-pa, d. h. zu denen, die das Wort des Atîsha (982 bis 1054) bewahren. Atîsha hatte die Ordenszucht, die Philosophie und die Mystik in ein gut ausgewogenes System gebracht. Tsong-kha-pa hat von der nüchternen Gelehrsamkeit der Ka-dam-pa seinen wesentlichen Charakter gewonnen. Er ließ sich zwar auch in tantrische Systeme, wie auch in das Kalacakra, initiieren, behielt aber die Mönchszucht als zentrales Ziel im Auge. Seine Schule nennt sich darum bis zum heutigen Tage Gelugpa, d. h. die

Schule der »Tugendhaften«. In dieser seiner Gelugpa-Schule ist das für den Lamaismus bis heute typische Inkarnations-Dogma ausgebildet.

Das Dogma von der Reinkarnation bestimmter Großäbte des Lamaismus – vor allem des Gyäl-wa (Sieger), der später den mongolischen Titel Dalai Lama annahm, und des Panchen Rimpoche, des Abtes des Klosters Taschilhunpo – ist von dem Schüler Tsong-kha-pas mit Namen Ge-dün-dub ausgebildet. Es geht dabei um die regelmäßige Inkarnation bestimmter Buddha- oder Bodhisatva-Gestalten in den gleichen Ämtern. So inkarniert sich der Bodhisattva Avalokiteshvara in dem Dalai Lama. Der Panchen Lama aber ist der inkarnierte Buddha Amitabha. Nach und nach hat jedes Kloster, das auf sich hielt, auch seinen Inkarnierten! Man hat in dieser sog. hubilganischen Nachfolgeordnung das neu inkarnierte Kind zu suchen. Im allgemeinen wird dies Kind 49 Tage nach dem Tode seines Vorgängers geboren. Suche und Legitimation der neuen Inkarnation sind geregelt. In dieser Reinkarnation kehrt also ein bestimmter Buddha Bodhisattva oder Lama in den Erscheinungsleib – Tulku – zurück.

Es handelt sich bei dieser Reinkarnation also nicht um eine Anwendung der Karman – Wiedergeburt auf Großäbte oder Buddha-Gestalten. Im Karman kehrt nicht eine bestimmte Person wieder, sondern schaffen sich die Taten, die andauern, ein zugehöriges Subjekt. Hinter der tibetischen Lehre von Reinkarnation bestimmter Erleuchteter steht vielmehr die Bodhisattva-Idee.

Die Bodhisattva-Idee hat ihr Vorbild darin, daß Siddhattha der Buddha nach der Nacht der Erleuchtung nicht das Nirvâna betrat, sondern sich entschloß, das Rad der Lehre in Bewegung zu setzen. Für das Heil aller Wesen der Welt verzichtete er vorerst auf den Eintritt in das Parinirvâna. Dieser Verzicht des Erleuchteten weitete sich im Mahayana aus zur Lehre von den Bodhisattvas, die auf ihre volle Erleuchtung und Auflösung um des Heiles der Wesen aller Welten willen verzichten. Sie inkarnieren sich vielmehr neu und neu, um das Heil auszubreiten.

3. Gemeinsamkeiten und Unterschiede

In der religiösen Annahme von dem Erleuchteten, der sein eigenes Heil dem Heil aller Wesen der Welt aufopferte, meldete sich die geheimnisvolle Mitte aller Religionen, nämlich das Opfer. Das Opfer als Selbstopfer – und alles wirksame Opfer ist letztlich Selbstopfer – läßt das Leben gelingen: Nur durch das Sterben bleibt das Leben wach. Das Bewußtsein von der objektiven Notwendigkeit des Sterbens um des Lebens willen kennzeichnet das Kern-wissen aller Religionen. Dies Bewußtsein kann sich in viele mythische wie kultische Klausulierungen verschlüsseln, und es kann sich in klarer Einsicht aussprechen – es markiert den Bezugspunkt von persönlicher wie kosmischer Frömmigkeit.

Das Grundwissen von dem Leben, das nur durch das Sterben wach bleibt, gipfelt in der Einsicht, daß selbst die Götter sich dieser Notwendigkeit unterstellen. Sie sterben um des Heiles willen, das ihr Tod vermittelt. Dabei kann man sehr deutlich die Deutung, die naturmythologisch exemplifiziert, von der anderen unterscheiden, die historisch orientiert ist. Im ersten Falle liegt das Gewicht auf der Auferstehung des Gottes, im zweiten auf seinem Sterben. Der Lamaismus lebt als Religion von den ihr Heil, d. h. sich selbst opferenden hohen Wesen, die sich wieder und wieder inkarnieren, um das Rad der Lehre vollmächtig in Bewegung zu halten. Das Christentum ist in einem zunächst ganz ähnlichen Sinne eine Religion, die in der Inkarnation eines gottheitlichen Wesens, wie das altchristliche Lied in Phil 2,7ff es sagt, ihren Grund hat. Dieses Wesen wurde nach seiner Gestalt wie ein Mensch gefunden und erniedrigte sich sogar bis zum Tode. Beide Religionen leben von der Einsicht: Es bedarf der menschlichen Inkarnation als einer Aufopferung eines göttlichen Wesens, um das Heil der »verlorenen« Welt gewiß zu machen. Diese Gemeinsamkeit bezieht sich zugleich auf alle die Kulte, die den sterbenden Gott als Inbegriff der Erlösung feiern.

Die Divergenz zwischen dem Christentum und dem Lamaismus liegt auf der Hand. Sie liegt in der historischen Einmaligkeit dieses Jesus von Nazareth. Sowohl die Inkarnation des Amitâbha oder Avalokiteshvara wie der Tod des Adonis oder das Opfer des Tammuz sind Ereignisse, die immer wiederkehren, deren Wirksamkeit in ihrer kultischen Wiederholung liegt! Dies ist bei der Inkarnation Jesu nicht der Fall. (Das Abendmahl ist keine kultische Wiederholung seines Todes!). In der Einmaligkeit des Geschehens von Jesu Wort, Werk, Person, d. h. in seiner Historizität ist allein seine Wirklichkeit und seine Wirksamkeit beschlossen.

3. Beispiele interreligiöser Existenz

Die konkrete Begegnung der Religionen, wie sie in der Gegenwart weltweit neu eingesetzt hat, ist durch ein neues Wissen um die Ebenbürtigkeit der verschiedenen Religionen bestimmt. Im kolonialen Zeitalter war auch die Mission an der Haltung beteiligt, die die in Asien und Afrika vorgefundenen außerchristlichen Religionen als mehr oder weniger primitiv von der zivilisatorischen Ebene der westeuropäischen Nationen aus beurteilte. Man sah eine Analogie zwischen der zivilisatorischen Entwicklung der Nationen Asiens und Afrikas und der Entwicklung zum Christentum. Diese Meinungen gehören der Vergangenheit an. Sie haben viel echtes religiöses Geschehen unwiederbringlich zerstört.

Das neue Wissen um die Ebenbürtigkeit der Religionen Asiens, Afrikas und des Christentums können wir am deutlichsten an Menschen studieren, die in ihrer angestammten Religion zu Hause blieben und zugleich Christen wurden. Sie haben in ihrer eigenen Existenz die Begegnung der Religionen mit dem Christentum gelebt. Wir wählen hierfür drei Beispiele: Aus der Begegnung des Hinduismus und des Christentums Leben und Werk Pandipeddi Chenchiahs (1886–1959), aus der Begegnung des japanischen Buddhismus und des Christentums Leben und Werk Katsumi Takizawas (1909–1983) und drittens John S. Pobee, der aus seiner eigenen Erfahrung das Miteinander wie die Unterschiede zwischen den afrikanischen Religionen und dem Christentum darlegt.

a) Pandipeddi Chenchiah (1886–1959)

P. Chenchiah war ein erfolgreicher Jurist im indischen Fürstentum Pudukottai, der schon in seiner Jugend mit seinem Vater zusammen zum christlichen Glauben kam. Er hielt aber zeit seines Lebens an seinen indischen Lehrern – das waren Aurobindo und der Meister C.V.V. (Venkatasami Rao, gest. 1922) von Kumbakonam – fest. Beide Lehrer waren Führer in einer über sich hinaus entwickelten hinduistischen Tradition: Aurobindo in Richtung eines evolutionistischen Weltbildes; der Meister C.V.V. in Richtung einer weltbejahenden (*iti*-Tradition) mit der Macht (*shakti*) rechnenden Überzeugung. Chenchiah sucht im Umkreis dieser hinduistischen Lehren Christus als das Neue in aller Evolution, als den »Prototyp einer neuen Schöpfung« darzustellen. Dabei geht es ihm um die Kraft (shakti), die in Christus wirksam ist. Diese »Kraft« zu vermitteln, ist der Sinn der christlichen Gemeinde. Sie pflegt den Amrita-Yoga – den Yoga des ewigen Lebens. Er wird durch den auferstandenen Jesus wie durch die Apostel (als *guru*) übertragen.

In dieser Machtausübung geht es zentral um die Verwandlung des Körpers in eine unsterbliche Leiblichkeit, wie es nach 1.Kor 15 geschehen kann und soll. Chenchiah läßt dabei die Sünde des Menschen unberücksichtigt. Wie er den Sündenfall ausblendet, so bleibt ihm der Zugang zu der in der Sünde sichtbar werdenden Kluft zwischen Gott und Mensch versperrt. Chenchiah nennt für das Neue am christlichen Glauben fünf Kennzeichen: 1. Gott geht evolutiv immer tiefer in die Schöpfung ein. 2. Man kann Gott daher immer unmittelbarer wahrnehmen. 3. Der Mensch ist nicht die letzte Stufe der Evolution. 4. Neue Stufen der Evolution stehen bevor. 5. Der Leib des Menschen kann todlos und herrlich werden, indem der Mensch zur Inkarnation Gottes wird.

Die christliche Sicht Chenchiahs begreift Christus als »Macht«-Träger und neuen Menschen, der evolutiv »neue« Wege geht und zu gehen möglich macht. Er ist die Quelle einer neuen Kraft zu einem neuen Leben. Chenchiah möchte den Hinduismus unter diese Macht des neuen Lebens bringen. Dabei ist ihm die bewußte Entscheidung für Christus nicht so wichtig wie eine unbewußte

Aufnahme christlichen Lebens. Er sucht nach der neuen Kraft auf Erden, die größer ist als ihre kirchliche oder religiöse Repräsentation. Es geht ihm um eine Repräsentation Gottes in der Schöpfung durch neue yogische »Macht«, die sich auch an unserem Körper vollzieht, indem sie eine Höherentwicklung des Bewußtseins fördert.

Chenchiah überträgt also nicht ein kirchlich bestimmtes Verständnis christlichen Glaubens in die Denkweise einer hinduistischen Tradition. Er meint auch nicht, daß die christliche Botschaft die Erfüllung hinduistischer Erlösungssehnsucht sei, zumal er sich vor allem gegen das auf Synkretismus gerichtete Denken wendet. Der Synkretismus ist für ihn der kindische Versuch, einen tief universalen Vorgang auf die rationale Verständnisebene zu transponieren und so zu vermischen. Chenchiah meint vielmehr, daß die christliche Botschaft einen neuen Evolutionsschritt machtvoll möglich macht, der im hinduistischen Wissen von Yoga, Guru und *shakti* angelegt war. Dabei ist Chenchiah ein christlicher Denker, der die Botschaft des Neuen Testamentes zu vertreten meint, die Nachahmung der westlichen Kirchentümer aber kritisiert und ablehnt. Sein Interesse richtet sich sowohl auf eine Synthese von Hinduismus und christlichem Glauben wie auf eine Einigung von religiösen und naturwissenschaftlichen Einsichten. Die göttlichen Kräfte, die durch Jesu Einfluß virulent werden, sollen der Schöpfung zugeführt werden.

b) Katsumi Takizawa (1909–1983)

K. Takizawa ist als dritter Sohn eines Lackwarenhändlers in Omachi in Japan geboren. Er wuchs als Amida-Buddhist auf und studierte zunächst Rechtswissenschaft und seit 1928 Philosophie. Der Begründer der religionsphilosophischen Kyoto-Schule, Nishida, gab ihm vor einem Studienaufenhalt in Deutschland den Rat, zu K. Barth und nicht zu einem der deutschen Philosophen – wie z. B. zu M. Heidegger – zu gehen. Takizawa kam also als Buddhist 1933 nach Bonn zu K. Barth, der das Apostolicum erläuterte. Takizawa erfuhr dabei trotz seiner sprachlichen Schwierigkeiten und trotz seiner Unwissenheit in christlich-dogmatischen Dingen eine Art von »Erleuchtung« oder »Erwachen«, wie er es gern nannte. Takizawa konnte in der Weise, wie Barth das Subjektsein des Wortes in seiner Inkarnation erläuterte, die Grundintention der Lehre Nishidas, daß die universale Wirklichkeit untrennbar mit der kontingenten Wirklichkeit verbunden sei, wiedererkennen. Dabei ist »der ewige Logos« bzw. das »Unbedingte« alleiniges Subjekt und alles abhängige wie kontingente Sein ist Objekt. Dieser »Vorgang« wird auch von Nishida »Gott« genannt: »die absolut widersprüchliche Selbstidentität«. Für Takizawa fand zwischen dem, was er bei Nishida gelernt hatte, und dem, was er bei Barth hörte, eine wechselseitige Befruchtung statt. Beide Sichten gehörten für ihn zusammen. Die Differenzen liegen – so meinte er – in sekundären Interpretationen, die letztlich Verirrungen sind.

Es gibt ein Urereignis oder Urfaktum, in dem das absolute Ganze wie das konkrete Einzelne als Einheit erkannt werden, und in dem der Buddhismus und der christliche Glaube zusammenstimmen. Dieses Urereignis stellt die gottmenschliche Einheit dar, von der Jesus von Nazareth ein neuer sekundärer Ausdruck ist, wie der Amida Buddha des Jodo-shinshu gegenüber dem ursprünglichen Gelübde Amidas. Takizawa ist der Meinung, daß man Jesus von Nazareth ebenso wenig vergöttlichen bzw. absolut setzen darf wie den Amida. Solche Verabsolutierung eines Geschichtlichen bedeutet einen Grundfehler! Dies wird erst ganz deutlich, wo wir erkennen, daß für Takizawa als ein Grundaxiom gilt, daß es keine menschliche Existenz ohne Gottes Wirklichkeit gibt. Dasein gibt es nur durch das Sein Gottes! So kann es für Takizawa durchaus wahren Glauben geben, auch ohne einen Kontakt zur Bibel oder zu Jesus von Nazareth. Wahrer Glaube geht auf das Urereignis zurück, daß Gott schon immer mit den Menschen ist, der ewige Immanuel. Dieses Urereignis ist nach Takizawa im Buddhismus und im Christentum eines.

Damit wird gegenüber der westeuropäischen christlichen Theologie das zum christlichen Glauben konstitutiv gehörige geschichtliche Ereignis des Jesus von Nazareth einerseits als historisches Ereignis relativiert, andererseits als Erkenntnis vermittelndes Geschehen ins Zentrum gerückt. Es geht um die »innere Struktur«

in dem biblischen Zeugnis und die ist das unendliche Nahesein des ewigen Urereignisses. Dieses Urereignis ist in allen Religionen eines. Die buddhistische Trikaya-Lehre (die Drei-Leiber-Lehre), das Gelöbnis Amidas im Jodo-shinshu wie das ewige innertrinitarische Verhältnis von Gott dem Vater und Gott dem Sohn zeigen konveniente religiöse Grundzüge. Die historischen Einzelausprägungen sind zwar nicht gleichgültig, sollten aber die allen Religionen zu Grunde liegende Einheit des Urfaktums Gott mit den Menschen nicht verdecken.

Takizawa lebte in der Überzeugung, zugleich Christ und Buddhist sein zu können und in seinem religiösen Denken in beiden Religionen dem Einheitsgrund entsprechend leben zu können. Dies gilt trotz seiner erst im hohen Alter erfolgten Taufe. Diese Eigenart der interreligiösen Existenz Takizawas fordert nach Takizawas Meinung den Buddhisten wie den Christen heraus, die Konvenienz beider religiöser Sonderformen in bezug auf das Urereignis anzuerkennen.

c) John S. Pobee (geb. 1937)

J.S. Pobee, Professor für Neues Testament und Kirchengeschichte in Ghana, stellen wir neben Chenchiah und Takizawa – wie eine Kontrastparallele. Pobee hat sich in seinen Veröffentlichungen wie in seinem Referat vor unserem Ausschuß speziell zu der Thematik der Konvergenzen, Analogien wie Divergenzen zwischen afrikanischen Religionen und dem christlichen Glauben geäußert. Pobee lebt nicht wie Chenchiah und Takizawa eine interreligiöse Existenz, in der Erfahrungen aus beiden Religionen zusammenkommen. Er lebt und denkt vielmehr in der Distanz zum Christentum wie zu der afrikanischen Religion und bringt aus dieser Distanz heraus beide Glaubensweisen ins Gespräch bzw. in Kontakt. Er erfährt und sieht den christlichen Glauben in seinem westeuropäischem Gepräge, d. h. in seiner ganzen theologischen Rationalität, gegenüber der afrikanischen »Religiosität« und ihrem religiösen »Empfinden«, das Afrikaner vor Europäern auszeichnet. Die sieben Charakteristika, die Pobee für den »homo africanus« gegenüber der europäischen Theologie angibt, sind:

1. Der afrikanische Mensch ist von Grund auf ein *homo religiosus*. Insofern durchdringt Religion das ganze Leben der afrikanischen Kulturen. 2. Der afrikanische Mensch ist gebunden an Sippe und Stamm und daher dem Individualismus der abendländischen Kulturen gegenüber ratlos. 3. In Afrika ist alles Leben auf den Tod bezogen. Dies ist wohl auch durch die hohe Sterblichkeitsrate bedingt. 4. Der afrikanische Mensch hat eine starke innere Hinneigung zu allem Zeremoniellen. 5. Der afrikanische Mensch ist ein besonders musischer Mensch, dem sich durch das gesungene Wort sehr viel vermittelt. 6. Der afrikanische Mensch ist durch seine politischen Erfahrungen der letzten hundert Jahre in besonderer Weise gegen Ungerechtigkeit wie alle Unterdrückung gerichtet. 7. Der afrikanische Mensch entbehrt aller ökonomischen Rationalität. Daher ist Afrika in hohem Maße wirtschaftlicher Verelendung preisgegeben.

Man wird am christlichen Glauben, nach Pobee, den biblischen Glauben und die intellektualisierte Theologie unterscheiden müssen. Für afrikanisches Verständnis ist die Trennung von Geist und Leib, von heilig und säkular nur schwer faßbar. Afrikanische Spiritualität sucht die Veränderung der irdischen Bedingungen, so sucht sie z. B. die Erfahrung von Macht in Heilungen, Exorzismen u. ä. Aber auch die Kirche und ihr Amt ist für Afrika schwer faßbar, wenn sie sich nicht einbeziehen läßt in den Verwandtschaftscharakter aller Gruppenbildung und ihre Amtsträger nicht den öffentlichen Charakter einer Art von Sippenhaupt wahrnehmen wollen. Zu den biblischen Glaubensvorstellungen paßt die afrikanische Spiritualität wesentlich besser als zu den intellektualisierten Vorstellungen der Missionen. Das Zueinander von biblischem Glauben und afrikanischer Religiosität schafft die Basis für den christlichen Glauben in Afrika. Dabei bleibt die rationalistisch abstrakte Theologie ausgeschlossen. Sie ist divergent gegenüber der afrikanischen Frömmigkeit, da sie sich zu fest mit der griechisch-römischen Kultur verbunden hat und in ihrer individualistischen Abstraktheit dem afrikanischen Lebensgefühl widerspricht.

d) Ergebnis

Die interreligiöse Existenz, die uns bei Chenchiah und Takizawa begegnet, wie das distanzierte Urteil Pobees über die Bedingungen der Begegnung christlicher Religion und afrikanischer Religionen zeigen uns verschiedene Weisen, wie die Gemeinsamkeiten von christlichem Glauben und andersartigen Glaubensweisen wahrgenommen und gelebt werden kann. Einige sind der Überzeugung, nur solche interreligiösen Existenzen seien in der Lage, eine Theologie der Religionen und ein angemessenes missionarisches Handeln ins Werk zu setzen.

Für unsere Überlegungen zeigen diese Lebensläufe, wie der christliche Glaube und der Hinduismus oder der Amida-Buddhismus analog erfahren und gelebt werden können. Man kann dasselbe am interreligiösen Leben von Christen mit dem Islam – wie z. B. Kenneth Cragg – zeigen.

Das heißt: Annäherungen zwischen dem Christentum und einer der Religionen können so groß sein, daß einige Menschen für ihr Leben und Denken aus beiden schöpfen, Erfahrungen und Einsichten aus beiden in ihrer Lebenspraxis miteinander verbinden, ohne daß dabei ein synkretistisches Drittes entsteht. In unserem Zusammenhang weisen die interreligiösen Möglichkeiten bei Chenchiah, Takizawa und Pobee darauf hin, daß Annäherungen und Gemeinsamkeiten zwischen dem Christentum und einer bestimmten anderen Religion – bei bleibender Distanz in anderen Bereichen – mehr sind als eine theoretische Konstruktion.

Neben der Tatsache interreligiöser Einzelexistenzen gibt es Begegnungen von Religionen im Miteinander von Gemeinden und Gruppen. Was dabei zu berücksichtigen ist, bedenken wir unter dem Stichwort »interreligiöse Praxis« am Beispiel christlich-islamischer Begegnungen.

4. Interreligiöse Praxis – am Beispiel christlich-islamischer Begegnung in der Bundesrepublik

Seit dem September 1961 sind über 1 1/2 Millionen türkischer Menschen in unser Land gekommen. Die meisten von ihnen werden auf Dauer bleiben. Sie holten sehr bald ihre Familien nach. Mit dem Heranwachsen der zweiten und dritten Generation aber ist die Bundesrepublik Deutschland für sie zum »Bleibeland« geworden. Die Heimat der Eltern und Großeltern ist nur noch Ferienland. Gleichzeitig leben etwa 200.000 muslimische Menschen anderer nationaler Herkunft in unserem Land. Dazu kommt noch eine kleine Gruppe deutschstämmiger Muslime. Der muslimische Bevölkerungsanteil insgesamt bildet die drittgrößte Religionsgruppe.

Damit stellt sich für uns und unsere Kirchen die Frage, wie wir es mit diesen Menschen aus einem ursprünglich fremden Religionsbereich und den von ihnen gebildeten Gemeinden halten sollen.

a) Muslime haben von ihrem Glauben her positive Erwartungen

Die muslimischen Arbeitnehmer bringen von ihren Korankenntnissen her die Hoffnung mit, zumindest mit einigen Christen in ein gutes Verhältnis zu kommen. Denn trotz der Warnung vor Freundschaften mit jüdischen und christlichen Menschen, die sie von ihrem Glauben abwenden wollen (Sure 5,51+54), heißt es in der gleichen Sure, daß Christen Muslimen »in Liebe am nächsten stehen« (V.82) und in Sure 57,27, daß Gott den Nachfolgern Jesu »Milde und Barmherzigkeit ins Herz gepflanzt habe«, ja daß die Jünger Jesu dazu bestimmt seien, »Gottes Helfer« (Sure 61,14) zu sein. Aus der Geschichte wissen Muslime, daß Mohammed in der frühen Verfolgungszeit seiner Gemeinde in Mekka die erste Gruppe von Flüchtlingen in das christliche Äthiopien schickte. Trotz der Intervention der Mächtigen der Stadt Mekka wurden sie dort als »Religionsverwandte« freundlich aufgenommen, »weil sie in der Verehrung Gottes mit den Christen fast völlig übereinstimmten«, wenn auch jede Gemeinschaft des Glaubens ein eigenes Brauchtum und einen eigenen Weg empfangen habe, um im Wettstreit miteinander zu leben (Sure 5,48). Das begründet bei aller Skepsis gegenüber dem säkularen Westen unter Muslimen die Erwartungen, im Umfeld des westlichen Lebens Menschen zu begegnen, die mit ihnen an den einen Gott glauben. In der Praxis heißt das unter anderem, daß Muslime, wenn sie in christlichen Häusern zu Gast sind, erwarten, daß die Sitte des Tischgebetes ihretwegen nicht unterlassen wird. Denn auch für sie wird eine Mahlzeit mit dem islamischen Grundgebet, das als erste Sure den Koran eröffnet, abgeschlossen.

b) Nähe und Ferne in der Begegnung

Eigentlich gilt in jeder Begegnung, daß sowohl überraschende Nähe wie auch enttäuschende Ferne deutlich wird. So lautet die Grundbitte der 1. Sure des Korans:

> »Führe uns den geraden Weg,
> den Weg derer, denen du deine Gnade gibst,
> und nicht derer, über die Zorn kommt und die abirren«.

Das erinnert an den 1. Psalm »Der Herr kennt den Weg der Gerechten, der Gottlosen Weg aber vergeht« (Vers 6), oder aber an die Bitte aus dem 86. Psalm »Weise mir, Herr, deinen Weg, daß ich wandle in deiner Wahrheit, richte mein Herz auf das Eine, daß es deinen Namen fürchte« (Vers 11). Gerade in der Ausrichtung auf den Gehorsam gegen das erste Gebot: »Du sollst nicht andere Götter haben neben mir« wird eine Gemeinsamkeit zwischen Muslimen, Juden und Christen deutlich, die das Gespräch mit den Muslimen ebenso zwingend macht wie das mit den Juden.

Wenn man sich dabei bemüht, durch die Fremdheit der äußeren Formen hindurchzustoßen, indem man immer neu nach dem positiven Sinn des Ungewohnten und zunächst Verschlossenen fragt, gibt es viele Entdeckungen: der starr erscheinende Rhythmus des fünfmaligen Gebetes wird als Einübung in die Hingabe an Gott erkannt und zur Rückfrage an die eigene christliche Gebetsdisziplin. Die bei jedem rituellen Gebet wenigstens viermal vollzogene Niederwerfung wird als Höhepunkt des Gebetes zum Zeichen für den Willen zu uneingeschränkter Unterordnung des eigenen Lebens unter Gott.

Aber schon in diesen Grundelementen der Glaubenspraxis wird auch das Trennende deutlich: Christen beten aus der Freiheit heraus, zu der Christus befreit hat, Muslime in der Unterwerfung unter die Richtlinien, die Gott den Menschen gesetzt hat. Für die Muslime ist die frohe Botschaft des Islam: die Einzigkeit Gottes, der durch sein Wort und das Beispiel seines Gesandten den Menschen das richtige Verhalten auf dem Weg zum Heil weist, den jeder einzelne dann in eigener Kraft gehen muß und kann: »Dadurch wird unser Leben als Menschen vollkommen«. Christen dagegen wissen, daß sie auf diesem Weg scheitern. Darum brauchen sie die Zuflucht zur unbegrenzten Macht der Vergebung Gottes, der die Welt in Christus mit sich versöhnt hat. Dadurch ist das Mittleramt Jesu über das Amt des Gesandten Mohammeds als Siegel der Prophetie (hatam) hinausgehoben. Die Heilige Schrift des Islam, der Koran, gebraucht das Wort »indschil« = »Evangelium« für die Rechtleitung des Lebens durch das Wort Gottes. Die so verstandene »Frohe Botschaft« ist dem Evangelium von dem Heil, das Gott für den Sünder gewirkt hat, gegenübergestellt.

Wenn Muslime jedoch darauf hinweisen, daß sie »den Christus Jesus korrekter ehren, als es die Christen tun«, nämlich als einen der Gott ganz Nahestehenden, dann werden wir Christen versuchen müssen, von der Einheit Gottes, in die Jesus Christus hineingehört, so zu sprechen, daß Gottes Einheit mit sich als die Einheit des lebendigen Gottes und seine Dreifaltigkeit als das ewige Leben des wahrhaft Einen verständlich wird. Der islamische Vorwurf, Trinität sei »Vielgötterei«, übersieht, daß für Christen erst Dreieinigkeit wahre Einheit ist und daß sich darin Gottes Wesen als die ewige Liebe darstellt.

c) Begegnungen auf übergemeindlicher und gemeindlicher Ebene

Viele türkische Muslime bei uns werden spätestens in der 3. oder 4. Generation deutsche Staatsbürger werden. Sie werden damit voll für die Zukunft des Landes mitverantwortlich sein. Auch deshalb ist es notwendig, die Begegnung zwischen Christen und Muslimen nicht nur dem Belieben einzelner zu überlassen. Dabei ist es wichtig zu sehen, daß auch nach dem Koran der Mensch als Geschöpf Gottes dazu bestimmt ist, den Lebensraum dieser Erde auf Gerechtigkeit und Heil hin zu gestalten. Für Muslime ist diese Schöpfungsverantwortung ein Stück der Barmherzigkeit Gottes gegenüber dem Menschen. Denn Gott hat ihn darin höher als die Engel eingestuft und mit dieser Aufgabe zu seinem Stellvertreter auf Erden gemacht (Sure 55,1 ff; 2,30). Darum sollte das Aufeinander-Zugehen gewagt werden.

1. Gegenseitige Begegnung auf Kirchentagen
Erste, noch verhältnismäßig unverbindliche Schritte werden seit Jahren auf den Kirchentagen versucht. Es geschieht parallel zu den christlich-jüdischen Begegnungen. Dabei finden auf Bibelarbeiten hin »koranische Besinnungen« statt zu den gleichen Themen. Für viele Teilnehmer war dabei das Erleben der Ehrfurcht, mit der Muslime mit ihrer Heiligen Schrift in Koran-Rezitation und -Meditation umgehen, ein wichtiges Erlebnis: der Koran erschien auf einmal nicht mehr als ein »Finster-Buch«, sondern als Lebensweisung, die in manchem mit der eigenen »Heiligen Schrift«, der Bibel, verwandt ist. Das zwang z. B. zu Rückfragen nach dem Stellenwert, den Christen ihrer Schrift geben.

2. Wochen des ausländischen Mitbürgers
Die sog. Ausländer-Frage hat eine ausgesprochen religiöse Komponente. Der soziale Friede kann nicht gewahrt bleiben und Integration nicht gelingen, wenn nicht ernstgenommen wird, daß die Religiosität den Charakter eines Menschen noch tiefer prägt als die jeweilige Nationalkultur seiner Heimat.

Das sollte bei der Gestaltung der jährlich wiederkehrenden »Woche des ausländischen Mitbürgers« bedacht werden. Es ist gut, wenn es dabei z. B. zu Diskussionsabenden kommt mit Themen wie: »Muslimische Nachbarn stellen ihren Glauben vor« mit dem Ziel, Vorurteile zu überwinden, Kenntnisse zu vermitteln und Verstehensbrücken zu schlagen. Das führte in einer Ruhrgebiets-Gemeinde dahin, daß man sich an einem weiteren Abend wiedertraf, um »eine gemeinsame Stunde der religiösen Besinnung und des Gebetes« zu halten, »in der Christen und Muslime, jeder in seiner Weise, die gemeinsamen Anliegen vor Gott bringen können«. Dabei wurde sehr sorgfältig darauf geachtet, daß das Nebeneinander nicht zu einem den jeweils anderen bedrängenden Miteinander wurde, daß also Verschiedenheiten deutlich blieben und ertragen wurden. Gleichzeitig war alles mehrsprachig und schriftlich festgelegt, so daß jeder auch bei den ungewohnten Komponenten der anderen Religion inhaltlich folgen konnte. Daß Muslime hinterher die türkische Übersetzung des Franz von Assisi zugesprochenen Friedensgebetes erbaten, zeigte ein Stück der Annahme solch einer besonderen Besinnung. Das Gelingen lag auch daran, daß dieser Abend nicht zu einem »gemeinsamen Gottesdienst« hochstilisiert wurde.

3. Nachbarschaftsgrüße

Es ist ein guter Brauch, daß der Ratsvorsitzende der Evangelischen Kirche in Deutschland und der Vorsitzende der Katholischen Bischofskonferenz Muslimen zum Fasten im Monat Ramadan und dem diesen Fastenmonat abschließenden Fest Grußworte senden. Wer das Vorlesen solcher Grußworte als Gast in einer islamischen Gruppe miterlebt hat, weiß, daß diese Worte mit Dank aufgenommen werden. Von daher sollten Superintendenten oder Dekane überlegen, ob sie sich nicht diesem Brauch anschließen und solche Worte weitergeben könnten. Weiterhin sollten sie Einladungen zu Mahlzeiten des Fastenbrechens annehmen und zu Grußworten bereit sein. Denn hier werden erste Kontakte möglich und schon bestehende neu gefestigt. In vielen Ländern der Dritten Welt – etwa in Ost-Afrika – wird das gegenseitige Teilgeben an Festfreuden bis zu Einladungen bei der Einweihung von Kirchen oder der Einführung von Bischöfen in großer Selbstverständlichkeit praktiziert. Das wiederum hat positive Folgen für das Zusammenleben im Alltag.

4. Gesprächskreise
Das Islambild der deutschen Öffentlichkeit ist stark geprägt durch spektakuläre Vorgänge wie z. B. den Befehl der iranischen Imame, den Dichter Rushdie zu ermorden, durch Bücher, die die religiös gebilligte Knechtung der Frau aufzeigen (»Nicht ohne meine Tochter« von Betty Mahmoody), durch mittelalterliche Strafpraktiken an Dieben und Ehebrechern (Handabschlagen und Steinigung) in einigen muslimischen Ländern.

Es ist deshalb nicht leicht für eine Gemeinde, sich auf Begegnungen und Gespräche mit Muslimen einzulassen. Und doch gibt es positive Beispiele. Bei der ersten Begegnung einer protestantisch-katholischen Initiativ-Gruppe mit örtlichen Muslimen wurde in einer Ruhrgebiets-Stadt der Wunsch laut: »Wir sollten uns häufiger treffen, damit wir auch über die Gemeinsamkeiten und Unterschiede in unserem Glauben ausführlich sprechen können«. Daraus ergaben sich über Jahre hinweg lebendige Begegnungen. Man trifft sich alle zwei Monate im Wechsel, einmal bei den Muslimen, einmal bei den Christen. Zuerst standen biblische und koranische Themen im Vordergrund: »Was sagen Bibel und Koran über Abraham« und über Joseph, Mose und über Jesus. Dabei wurden kontroverse Punkte offen angesprochen, aber so, daß Verstehensbrücken geschlagen wurden. Es folgten Fragen über das Gebet und den Gottesdienst. Eine Einführung und eine stille Teilnahme an dem Gebet und Gottesdienst der jeweilig anderen Gruppe schlossen sich an. Schließlich brachen die kommunalpolitischen Fragen auf: »Könnt ihr uns helfen, endlich einen Bauplatz für ein Gemeindezentrum und eine Moschee zu finden?« Für die christliche Seite wurde diese Bitte zum Testfall für den Ernst ihres Eintretens beim Bemühen um die Ausländerintegration. Als sich bei der öffentlichen Diskussion über einen von der Stadt vorgesehenen Bauplatz die deutsche Bevölkerung vehement gegen diesen Vorschlag stellte, drohte das Klima abzukühlen. Nur durch den engagierten Einsatz auch der Pfarrer der beiden Ortsgemeinden konnte der Bruch überwunden und ein brauchbarer Kompromiß gefunden werden.

5. Nachbarschaftshilfe

Bei den Wohnverhältnissen in den Vierteln, in denen türkische Arbeitnehmer vorwiegend wohnen, bricht auch die Frage auf, wie weit alte Formen der Nachbarschaftshilfe wieder entdeckt werden können. Für Menschen aus dem türkischen Kulturbereich – und nicht nur in diesem – ist es selbstverständlich, daß Feste mit zahlreichen Gästen zu feiern sind. Beim Leben in der Fremde ist das noch wichtiger als in der Heimat. Darum kann die Gewährung oder die Ablehnung einer nachbarschaftlichen Hilfe in den Augen der Muslime die Probe dafür sein, ob die Christen wirklich bereit sind, Menschen aus einer anderen kulturellen Prägung anzunehmen. Dabei sollten Schrifthinweise wie 3. Mose 19,33f. ebenso theologisch ernst genommen werden wie das große Lob der Gastfreundschaft in der islamisch-türkischen Frömmigkeit und Tradition.

6. Begegnungen mit der Jugend

In manchen Gemeinden werden die *Gottesdienste zum Schulbeginn* zum Problem, weil sich die muslimischen Schulanfänger und ihre Eltern ausgeschlossen fühlen. Darum wurden hier und da erste Schritte zu einer gemeinsamen Besinnung zum Schulanfang gemacht. Dabei baten christliche und muslimische Eltern und Kinder unter der Leitung von Pfarrern (katholisch und evangelisch) und Imanen, jeweils in Amtstracht, miteinander um den Segen Gottes. Denn Islam und Christentum stimmen darin überein, daß die »Furcht des Herrn der Weisheit Anfang« ist. Wieder achtete man darauf, daß im Nebeneinander von Christlichem und Islamischem das Mitgehen der anderen Seite sprachlich möglich wurde. – Es kann wenigstens dies durch solche gemeinsamen Schulanfänge gewonnen werden, daß bei türkischen Eltern und Kindern der Vorwurf, »die Deutschen sind ungläubig«, aufgelockert und auf der christlichen Seite das Gefühl entstehen konnte, »auch die Türken haben eine respektierbare Religion«. Das kann im Miteinander in einer Schule und darüberhinaus Frucht bringen.

Damit ist aber auch die Frage nach dem *Religionsunterricht* für islamische Kinder und seine Ordnung als ordentliches Lehrfach in den deutschen Schulen gegeben. Noch ist keine befriedigende Lösung gefunden, weil der Geltungsbereich von Art. 7 des Grundgesetzes umstritten ist. Deutlich ist aber, daß solch ein Unterricht nicht nur nach einem anerkannten Lehrplan, der die deutsche Situation berücksichtigt, gegeben werden müßte, sondern langfristig auch in deutscher Sprache zu erteilen ist, wenn damit die Integration gefördert werden soll.

Sehr viel Geduld und Bereitschaft zum Verstehen und dazu, negative Erlebnisse nicht überzubewerten, erfordert die *offene Jugendarbeit* in den Industriestädten. Sie ist auch für muslimische Jugendliche – vor allem für die Jungen – ein Ort, wo sie ohne Überwachung und Druck von außen einmal als junge Menschen für sich und mit Deutschen zusammen sein können, um sich gegenseitig in Fragen der Berufsausbildung oder auch der Arbeitslosigkeit auszutauschen und Rat zu holen. Denn bei ihren Eltern, aber auch bei den Imanen fühlen sie, daß diese zu sehr von dem Heimatland und den dort geltenden Werten geprägt sind, während die säkularisierte Bundesrepublik ihnen fremd geblieben ist.

7. Zwei besonders drängende Probleme

a) Muslimische Kinder in den Kindergärten. Auf Gemeindeebene wird die christlich-islamische Begegnung an keiner Stelle so intensiv erlebt wie in den Kindergärten. Dabei fühlen sich die Erzieherinnen oft alleingelassen und in den Schwierigkeiten nicht verstanden. Sie wurden in ihrer Ausbildung kaum darauf vorbereitet. Auch in der berufsbegleitenden Weiterbildung werden die Fragen meistens nur ungenügend aufgegriffen. Trotzdem gehen sie häufig mit viel Bereitschaft und Liebe auf die fremden Kinder und ihre Eltern zu. Wenn sie dann trotz guten Willens wegen des säkularisierten und rationalen Charakters des westlichen Lebens den muslimischen Eltern und Kindern nicht gerecht werden, liegt das an dem ungenügenden Wissen um das kulturelle Umfeld. Auch ist nicht deutlich, was im Glauben bei Christen und Muslimen gemeinsam und was trennend ist. Dazu gehört der Bereich der biblischen Geschichte. Denn gerade dort, wo es Parallelen gibt, ist das gleiche Erzählgut im Islam anders geprägt.

Die Fragen brechen besonders stark beim Feiern der christlichen Feste auf. Wo und wie können die muslimischen Kinder beteiligt werden? Zu Weihnachten ist das noch möglich, weil auch der Koran von der wunderbaren Geburt des »Propheten Isa« berichtet (Sure 19,16ff; Sure 4,42ff). In der Passions- und Osterzeit aber kommt das Miteinander an eine unüberwindbare Grenze. Für die Erzieher bleibt dabei nur die Aussage, daß Christentum und Islam hier eine verschiedene Sicht haben, weil Jesus nach dem Koran vor der Kreuzigung von Gott entrückt wurde (Sure 4,156). Kinder nehmen solche Unterschiede leichter hin, als Erwachsene es oft annehmen. Zweisprachige Elternbriefe (türkisch und deutsch), wie sie vielfach in den Fachverbänden erarbeitet wurden, können dabei zu den Eltern Brücken schlagen. Oft wird sich ergeben, daß muslimische Eltern ihre Kinder in der letzten Zeit vor Ostern den Kindergarten versäumen lassen. Das sollten die Leiterinnen tolerieren. Die Kindergärten dürfen nicht ein Ort sein, an dem die Religionskontroverse zwischen Islam und Christentum Kindern im Vorschulalter aufgebürdet wird. Es kann auch nicht das Ziel sein, zu einem Religionswechsel zu führen. Es geht vielmehr darum, bei dem Zugeständnis der Unterschiede zwischen den Religionen Kindern in der Frühzeit das Erlebnis eines positiven christlich-islamischen Miteinanders zu vermitteln. Darin gilt es, das Zeugnis der Liebe und Freiheit Christi zu bewähren.

b) Interreligiöse Ehen. Wie häufig Ehen zwischen Christen und Muslimen geschlossen werden, wird den christlichen Gemeindeämtern und Pfarrern oft nicht bekannt. Denn die Betroffenen fühlen sich »am Rande und außerhalb der christlichen Gemeinde«, obwohl gerade Menschen in solchen Ehen verstehende seelsorgerische Hilfe besonders brauchen. Das gilt bis in die selbstverständlich auftauchende Frage hinein, ob nicht die Konversion zur Religion des Ehepartners für die Stabilisierung der Ehe hilfreich sein könnte oder wie man sich im Blick auf die Taufe der Kinder verhalten soll. Soll man ganz auf sie verzichten, soll man sie aufschieben, damit die Kinder selbst entscheiden? Ist das ein sauberer Weg aus einer schwierigen Lage heraus? Der muslimische Partner erwartet selbstverständlich, daß seine Kinder Muslime werden.

Beiden Partnern muß dabei deutlich sein, daß nicht nur aus christlicher Sicht, sondern auch nach dem Koran gilt: »Es gibt keinen Zwang in der Religion« (Sure 2,256). Auch Mohammed selbst zwang seine Frauen nicht zum Religionswechsel. Seine koptische Nebenfrau Maryam blieb ihrem christlichen Glauben treu, während seine jüdische Frau nach Jahren doch den Schritt zum Islam getan hat. In diesem Bereich muß die freie Willensentscheidung des einzelnen gewahrt bleiben. Das müßte auch für eine muslimische Frau gelten, die einen Christen heiraten will, was nach Koran und Sharia verboten ist. Das darin liegende Konfliktpotential darf nicht unterschätzt werden.

Die christlichen Gemeinden haben noch zu lernen, daß solche Ehen, ebenso wie alle anderen Ehen, unter der Verheißung Gottes stehen. Darum muß die Gemeinde nach Wegen suchen, wie sie ihnen Heimatrecht in der eigenen Mitte geben kann. Wenigstens in der Gemeinde soll sich nicht wiederholen, daß sie gesellschaftlich an den Rand gedrückt werden und Diskriminierungen ausgesetzt sind. Wenn die meisten Gliedkirchen der Evangelischen Kirche in Deutschland einer Ordnung der Arnoldshainer Konferenz und der VELKD für einen »Gottesdienst anläßlich einer Eheschließung zwischen einem evangelischen Christen und einem Nichtchristen« zustimmten, war dies ein guter Schritt auf diesem Weg. Man sollte aber auch nicht vergessen, daß der Seelsorger vor der Eheschließung die religiösen Unterschiede verantwortlich bewußt zu machen hat.

In solch einer Ehe braucht die religiöse Praxis nicht nur auf das Minimum eines freien gemeinsamen Tischgebetes zusammenzuschrumpfen. Wo man sich einfühlend immer neu müht, den Partner an dem Glaubensreichtum und der Freude im Glauben der eigenen Tradition teilnehmen zu lassen, kann das trotz unterschiedlicher Glaubensformen bei gegenseitigem Respekt zu einer tiefen religiösen Achtung führen und zum gemeinsamen Wachsen im Vertrauen und Sich-Verlassen auf die Barmherzigkeit Gottes. Dazu gehört auch die wechselseitige Vergebung aus der Kraft eben dieser Barmherzigkeit, wenn der eine den anderen verletzt hat.

8. Wie sollen wir uns bei Konversionen verhalten?

Es kann in der christlich-islamischen Begegnung nicht ausbleiben, daß Übertritte zu der jeweils anderen Religion erfolgen. Muslime müssen von ihrem Selbstverständnis her für ihren Glauben »auf die beste Art« werben (Sure 29,46). Sie müssen Juden und Christen als »Leute des Buches«, die eine verbindliche Offenbarung Gottes kennen, einladen »zu einem Wort des Ausgleichs zwischen uns und euch ..., daß wir Gott allein dienen« (Sure 3,64). Das ist islamische Mission. Der Ernst, mit dem viele Muslime ihre Religionsdisziplin einhalten und die Geschlossenheit und gleichzeitige Weite ihres Gottesverständnisses bezeugen, beeindruckt immer wieder. Doch müssen sich die christlichen Gemeinden und ihre Glieder fragen lassen, wo sie an denen gefehlt haben, die sich dem Islam zukehrten. Fehlen heute klare Glaubensaussagen? Fehlt die Möglichkeit, die Glaubwürdigkeit eines christlichen Zeugnisses im Alltagsleben zu erfahren? Interreligiöse Begegnung setzt das Fragen nach den eigenen Glaubensgrundlagen voraus, führt zu einem neuen Ernstnehmen der eigenen Wurzeln und auch zur Selbstkritik.

Auch Muslime erleben schmerzhaft, daß sich Menschen vom Islam zum Christentum wenden, denn es ist in ihren Augen die ihrer »vollkommenen Religion« gegenüber minderwertige Glaubensweise. Aber Christen können ebenfalls nicht von der Hoffnung des Glaubens, die in ihnen ist, schweigen, sondern sollten »zur Verantwortung bereit sein vor jedem, der Rechenschaft fordert« (1. Petr 3,15). »Wir können es ja nicht lassen, von dem zu reden, was wir gesehen und gehört haben«, bekannten die Apostel Petrus und Johannes vor dem Hohen Rat (Apg 4,20). Denn die christliche Glaubensüberzeugung bleibt, daß in Christus »die ganze Fülle der Gottheit leibhaftig wohnt« (Kol 1,9). Das ist für Muslime ein Ärgernis. Aber Christen können davon nicht abrükken, daß durch Christus Jesus »die herzliche Barmherzigkeit unseres Gottes« sichtbar und erfahrbar zu uns gekommen ist, die Erfüllung dessen, was Muslime meinen, wenn sie Gott in der Einleitung jeder Sure den »barmherzigen Erbarmer« nennen.

IV. Grundsätzliche Erwägungen

Wir verständigten uns im I. Kapitel darüber, was mit den Begriffen Religion und Religiosität gemeint sei, ob das Christentum als eine Religion anzusehen sei und wie wir die religiösen Bewegungen der Gegenwart einschätzen. Wir haben im II. Kapitel einige neue religiöse Bewegungen und im III. Kapitel einige der in Europa missionierenden asiatischen Religionen sowie Gestalten interreligiöser Existenz und Praxis ins Auge gefaßt.

Wir schließen an diese über die religiöse Situation informierenden Kapitel nun grundsätzliche Erwägungen an, die das Verhältnis zwischen den außerchristlichen Religionen und dem Christentum klären sollen, damit wir zu begründeten Schlüssen und Vorschlägen kommen können. Wir gehen in diesem Kapitel von biblischen Erwägungen aus (1.), behandeln dann das singuläre Problem des Judentums im Verhältnis zur Kirche (2.), begründen anschließend den Standort für die Begegnung des Christentums mit den außerchristlichen Religionen (3.) und schließen mit Erwägungen über das Handeln der christlichen Kirchen gegenüber diesen Religionen (4.).

1. Biblische Erwägungen

a) Der Jahweglaube und die Fremdreligionen im Alten Testament

Aus den frühen alttestamentlichen Überlieferungen können wir mit einiger Sicherheit entnehmen, daß der Glaube Israels als das Bekenntnis zu Jahwe, dem Gott aus der Wüste (Ri 5,4; Hos 12,10; 13,4f) zwar von Anfang an in Konkurrenz trat zu den kanaanäischen Göttern und ihren Heiligtümern (Ri 6,25 ff; 1. Kön 18), daß dennoch aber dieser Jahweglaube in zahlreichen Einzelzügen auch anknüpfen konnte an heilige Stätten, Riten, Opfervorschriften und Feste der kanaanäischen Religion. Selbst die Patriarchen waren noch nicht Jahweverehrer, sondern kannten neben ihrem persönlichen Gott auch den kanaanäischen Gott El und beteiligten sich am Kult der kanaanäischen Heiligtümer (Gen 14,18–20). Freilich haben die Jahweanhänger seit der Landnahmezeit ihre besondere Identität mit der Verehrung ihres Gottes verknüpft. Gegenüber den örtlichen Baal-oder Elgestalten haben sie stets behauptet, daß allein Jahwe der Herr des Landes, der Rettungs- und Führungsgott Israels sei (Hos 2,10; 11,1). Die aus der kanaanäischen Naturreligion übernommenen Feste wurden von den Rettungserfahrungen mit Jahwe her neu gedeutet und auf die besondere Geschichte Israels mit seinem Gott bezogen (Ex 12). So gewinnen wir für die ältere Zeit das Bild einer von der kanaanäischen Umwelt mitgeprägten Religion, in der aber doch ausschließlich Jahwe verehrt wurde (bei Anerkennung der Existenz auch anderer Götter für andere Völker, also: Monolatrie).

Die spätere Königszeit war demgegenüber von einem entschiedenen Kampf zwischen Jahweglauben und Baalverehrung geprägt, wobei vor allem die frühen Propheten Elia und Elisa und auch noch Hosea die Loyalität Israels gegenüber »Jahwe allein« einforderten (1. Kön 18,21; Hos 2,19; 13,4). Dabei wurden bestimmte Züge der kanaanäischen Religion, vor allem der Naturkult mit seinen Sexualriten strikt abgelehnt. Sie widersprachen dem Herrsein Jahwes über die Schöpfung und über sein Volk. Die Asexualität Jahwes – er hat eben keine Gemahlin! – hängt offenbar damit zusammen. Dennoch wirkten vor allem in der alten Jebusiterstadt Jerusalem kanaanäische Einflüsse noch weiter. Auf dem Heiligen Berg Zion hatte Salomo den Tempel als den irdischen Wohnsitz Jahwes errichtet; Jahwe herrscht als König über die zu Mitgliedern seines Hofstaates depotenzierten Götter (vgl. bes. Ps 29 und 82); kanaanäische Schöpfungsmythen konnten aufgegriffen werden, um nunmehr Jahwe als den Schöpfer und Herrn der Welt und zugleich als Retter aus dem Schilfmeer zu bekennen (Ps 29,3–10; Ex 15,1–18). Unter der Herrschaft der Assyrer haben fremde Kultsymbole und ihre Verehrung auch im Jerusalemer Tempel Einzug gehalten (vgl. 2. Kön 16,10–16); auch nachdem Josia sie bei seiner Kultreform wieder beseitigt hatte (2. Kön 23,11 f), blieb Fremdkult im Tempel erhalten (Ez 8).

Das vorläufige Ende der Existenz eines unabhängigen Staates Juda und des Tempels in Jerusalem sowie das Exilsschicksal vieler Judäer warf die Frage der Zuständigkeit und Kraft Jahwes in einem fremden Lande auf. Mit dem Exil brach erstmals eine absolute, weltumspannende Alternative zwischen Jahwe und den Göttern Babylons auf. Hier entschied sich ein »harter Kern« unter den Exilierten für das »Jahwe allein!« (Monotheismus) und ermöglichte damit das Überleben Israels in einer synkretistischen Umwelt.

Nach der alten Anschauung, daß ein Gott in das politische Schicksal seines Volkes verwickelt sei, hätten die Ereignisse von 587 die Bekehrung der besiegten und teilweise deportierten Judäer zu den siegreichen Göttern Babylons bedeuten müssen. Aber der Jahweglaube ging nicht verloren und führte gegen Ende des Exils auch zu einem Neubeginn in Jerusalem. Wir sehen diese theologische Leistung in den Prophetenschulen Ezechiels und Deuterojesajas sowie in dem Werk der anonymen Redaktoren des deuteronomistischen Geschichtswerkes präsent (vgl. Ez 37,1–14; Jes 40,1–31; 49,14–26).

Die Deuteronomisten bewältigten die Katastrophe dadurch, daß sie sie als Folge des Abfalls und als Strafe für den Ungehorsam Israels gegenüber den Geboten Gottes deuteten; sie war nicht Zeichen der Ohnmacht Jahwes, sondern Ausdruck seines Zornes. Die Exilspropheten, vor allem Deuterojesaja, verkündeten gerade jetzt die neue Botschaft, daß Jahwe trotz seiner scheinbaren Unterlegenheit der Herr über die Schöpfung und über alle Völker ist und sein Volk aus der Gefangenschaft heimführen wird. Aus seinem Handeln als Schöpfer ergibt sich auch sein geschichtsmächtiges Handeln (Jes 40,12 ff. 26 ff). Erst jetzt begegnet ein eindeutiger Monotheismus: eine Bestreitung nicht nur der Macht, sondern auch der Existenz der Götter Babylons (Jes 40,18–26; 41,2–29; vgl. 44,9–20).

Damit hatte der Jahweglaube durch die Krise des Exils zu einer neuen Lebendigkeit und Kraft gefunden, indem er die ausschließliche Bindung an den einen Gott als wesentliche Forderung an seine Anhänger herausstellte. Ähnliches leistete der Jahweglaube später noch einmal unter den Makkabäern gegenüber dem Ansturm des hellenistischen Synkretismus. Der eine Gott als der Gott Israels, der die Geschichte der ganzen Welt und aller Völker lenkt, schließt die Macht anderer Götter aus. Nur er ist zu verehren, denn nur er ist Gott.

Der Endgestalt des Alten Testaments liegt der zur Einheitlichkeit drängende Wille einer den Kanon abschließenden frühjüdischen Reaktion zugrunde. Das Nebeneinander unterschiedlicher Entwicklungen (Nord- und Südreich; Jerusalem und örtliche Heiligtumstraditionen) ist gegenüber den tatsächlichen Verhältnissen der vorexilischen Periode dadurch nicht mehr im vollen Ausmaß erkennbar. Doch dokumentiert sich im alttestamentlichen Kanon die letztlich siegreiche Linie, die zu einem strengen Monotheismus führte und den Juden in der Antike den Beinamen der »Gottlosen« eintrug, weil sie sich strikt weigerten, die Existenz anderer Götter als Jahwe anzuerkennen. Diesem Erbe ist auch das frühe Christentum mit seinem trinitarischen Glauben verpflichtet.

Wenn in späten Schriften (Hiob) mythische Vorstellungen erstaunlich lebendig erscheinen, sind sie doch als »monotheistischer Mythos« dem strengen Jahweglauben verpflichtet. Wichtige theologische Entwicklungen wie die Überwindung des Tun-Ergehens-Zusammenhangs im weisheitlichen Denken und die Ausbildung einer Auferstehungshoffnung sind ohne erkennbaren Einfluß von außen her erfolgt. Nur am Rande (Kohelet) sind Einwirkungen skeptischer griechischer Philosophie erkennbar.

Trotz einer in der Entstehungszeit des Jahweglaubens angelegten Identifizierung der Glaubensgemeinschaft mit einem sich exklusiv verstehenden Volk und daraus entspringenden zeitweisen Abkapselungstendenzen (Nehemias Mischehenverbot) ist die universale Dimension dieses Glaubens nie vergessen worden. Messianische Hoffnungen verbinden zur Zeit Jesu viele jüdische Strömungen. In der Spätzeit wird erwartet, daß auch die anderen Völker sich dem Jahweglauben anschließen und zur Anbetung nach Jerusalem kommen werden (Jes 2,24; Mi 4,1–4; Sach 9,7;

14,16). In der hellenistischen Zeit entwickelt das Judentum dementsprechend eine lebhafte Missionstätigkeit.

Zusammenfassend kann man sagen, daß der Jahweglaube in seiner Frühzeit Elemente fremder (nomadischer und landgebunden-kanaanäischer) Religionen in weitem Ausmaß übernommen hat. Doch geschah dies nie in der Weise bewußter Anerkennung dieser Religionen, sondern indem Jahwe mit El und Baal als Schöpfer und dem Gott der Väter als Führungsgott in der Geschichte identifiziert wurde. Die fremden Traditionen wurden als die eigenen usurpiert. Die Götter des Pantheons wurden als die Diener Jahwes depotenziert. Aus der praktisch existierenden Monolatrie entwikkelte sich in der Exilszeit ein exklusiver, auch theoretisch begründeter Monotheismus. Durch weitgehende Ablehnung der Einflüsse von außen, wie sie in der Diadochenzeit als hellenistische Kultureinflüsse weite Kreise der Judenschaft ergriffen, hat ein harter Kern (Makkabäer) strenggläubigen Judentums die jüdische Identität auch durch diese Krise bewahrt. Das aus diesen Kreisen hervorgehende Rabbinentum hat dann die Gestalt des alttestamentlichen Kanons maßgeblich bestimmt.

Einflüsse von fremden Religionen finden sich also vor allem in der frühen Phase der Entwicklung der Religion Israels. Die kanonische Gestalt des Alten Testaments – die die christliche Kirche als verbindlich angenommen hat – hat demgegenüber die Einflüsse von außen stark eingeschränkt. Dies gilt sowohl für den rabbinischen wie den erweiterten (Septuaginta-)Kanon.

b) Das Urchristentum und die Religionen

1. Wahrheitsanspruch und Glaub-würdigkeit der urchristlichen Botschaft

a) Machen die neutestamentlichen Texte die Christen fähig zur Begegnung mit anderen Religionen? »Gott allein in Jesus Christus!« lautet doch die Botschaft des Neuen Testaments. An das Recht anderer Religionen scheint an keiner Stelle gedacht zu sein. Das Urchristentum glaubte an den Einen Gott, der sich Israel zu erkennen gegeben hatte und den die heiligen Schriften bezeugten.

Die christliche Kirche hat dann die heiligen Schriften Israels als das christliche Alte Testament kanonisiert und diesem innerhalb der einen christlichen Bibel das urchristliche Zeugnis als Neues Testament gegenübergestellt, in welchem das Alte zu seiner Erfüllung kommt. Damit hat sie zugleich bekannt, daß der Eine Gott Israels sich in Jesus Christus in umfassender Weise geoffenbart hat (vgl. Hebr 1,1f). Außerchristliche Religionen erscheinen demgegenüber notwendig als unzulängliche oder auch eigenmächtige Versuche, mit dem in Christus offenbaren Gott umzugehen. Die neutestamentlichen Texte selbst formulieren die Überzeugung und den Anspruch einer dynamischen und missionierenden Bewegung, daß der Christusglaube allein die angemessene Antwort auf die Offenbarung Gottes sein könne, und zwar für Juden wie für Nichtjuden. Der christliche Glaube erscheint damit als Krise der Religion und der Religionen. Wie könnte man in den Äußerungen einer derartigen Missionsbewegung, die aus dem Zentrum Israels heraus alle Völker zu erfassen versuchte, eine abwägende Reflexion über die Gültigkeit solcher Religionen erwarten, die sich nicht der Offenbarung Gottes für Israel verdankten?

Erkennt man dies, so wird man sich eine Antwort auf die Frage nach dem Gemeinsamen der Religionen vom Neuen Testament her nicht zu leicht machen dürfen. Vielmehr gilt es, darauf zu achten, wie das Urchristentum den Anspruch seiner Botschaft dann auch begründen und vermitteln konnte. Es war ja darauf angewiesen, daß diese Botschaft bei den angesprochenen Menschen Glauben finden konnte. Glauben fand sie aber nur, wenn sie von ihnen als glaub-würdig empfunden wurde. Glaub-würdig mußten nicht nur die urchristlichen Boten sein, sondern vor allem ihre Botschaft selbst.

b) Die urchristliche Botschaft bewährte ihren Wahrheitsanspruch grundsätzlich darin, daß sie Glaub-würdigkeit über die bislang gültigen und trennenden Grenzen von Völkern und Religionen hinweg suchte und auch fand.

Der Heilsanspruch Jesu konnte für alle gültig werden, die sich auf ihn einließen (Lk 12,8f). Er wird sich selbst als den Mittler Gottes verstanden haben, der seine Herrschaft über die widergöttlichen Mächte schon jetzt in dieser Welt aufrichtet, indem er Menschen durch Jesus Befreiung, wahres Leben, Glauben und Liebe erfahren läßt (Mk 2,17; 3,23–27; 8,34–38). Solche Heilserfahrungen wurden Menschen zuteil, die zutiefst heilsbedürftig waren, Kranke, Arme, Verlorene, vor allem aus Israel, dann aber auch exemplarisch aus den Völkern (Mk 7,24–30; Mt 8, 5–10). Jesus wird die prophetischen Erwartungen geteilt haben, daß am (nahe geglaubten) Ende Menschen aus allen Völkern herbeiströmen und dabei die Menschen aus Gottes eigenem Volk beschämen würden (Mt 8,11f; 11, 20–24; 12,41f; vgl. Joh 4,1–42). Ungeachtet ihrer jeweiligen religiösen Tradition würden sich Menschen auf Gott und seinen Heilsmittler einlassen können; andere würden sich gerade dadurch gegenüber Gott verschließen, daß sie gegen Jesus auf ihrer eigenen Erwählungstradition beharrten. So waren die »wider ihn«, die nicht mit ihm Menschen für die Gottesherrschaft sammeln konnten (Lk 11,23), während selbst ein fremder Exorzist »für uns« sein konnte (Mk 9,38–40). Gott selbst gab sich den Menschen kund, die ihn brauchten und sich für seine Herrschaft in Gebrauch nehmen ließen. Damit war ihnen Religion als gültige Antwort auf den Ruf und die Zuwendung Gottes in Jesus erschlossen, Religion als Glaube.

Für Paulus ist allein in der Verkündigung des gekreuzigten Christus die Kraft und die Weisheit Gottes mächtig, bringt allein die vermeintliche »Torheit« des »Wortes vom Kreuz« einer wahrhaft töricht gewordenen Welt Rettung (1. Kor 1,18–25). Gott hat durch den Tod Jesu Christi den ganzen Kosmos mit sich versöhnt; das Wort der Versöhnung hat er den Christusboten anvertraut (2. Kor 5,14.19). Durch diese Boten macht er seinen Christus überall im Kosmos offenbar, bei Geretteten wie bei Verlorenen, den einen zum Tod, den anderen zum Leben (2. Kor 2,14–16). Weil es also um Gott selbst geht, kann diese Botschaft nicht auf Israel beschränkt bleiben, sondern muß alle erreichen. Weil es um den gekreuzigten Christus Gottes geht, ist das paulinische Evangelium die Botschaft von der endzeitlichen Gnadenzuwendung Gottes zu allen, die sich diesen Christus als Offenbarung Gottes gefallen lassen und sich von ihm in ein neues Leben aus dem Geist Gottes heraus einladen lassen (Gal 3,1–5; Röm 8,9–17).

In der johanneischen Theologie wird das Moment der grenzüberschreitenden Glaubwürdigkeit des Christusglaubens erst bei näherem Zusehen deutlich. Dabei ist nicht nur das Gespräch Jesu mit der Samariterin am Jakobsbrunnen wichtig (Joh 4,20–26.42), sondern besonders auch der Prolog des Johannesevangeliums (1,1–18). Danach hat Gott sein die Welt begründendes »Wort« als das Licht des Lebens für jeden Menschen (1,9) in der Finsternis der Welt scheinen lassen, aber die Welt hat es nicht wahrhaben und annehmen wollen (1,5.10f). Damit ist alle Religion außerhalb des Christusglaubens grundsätzlich infragegestellt. Die das Licht aber annahmen und sich von Gott in Christus mit Gnade und Wahrheit beschenken ließen (1,11–13.14), hatten dadurch an Gott selbst und am wahren und ewigen Leben Anteil bekommen (1,18; 3,14–21; 17,1–10). Nicht ihre religiöse Herkunft und Bestimmtheit ist dann entscheidend, sondern nur noch ihr neues Verhältnis zu Gott, das für sie Fremdheit im Kosmos und Sendung in den Kosmos zugleich bedeutet (17,14–19).

2. Auseinandersetzung und Abgrenzung

Zur Auseinandersetzung kam es in erster Linie dort, wo die urchristliche Botschaft den außerjüdischen antiken Religionen, ihren Göttern und den entsprechenden Lebenshaltungen begegnete, nämlich in der Missionssituation. Die frühe Zusammenfassung der urchristlichen Missionspredigt für die Nichtjuden, die Paulus in 1. Thess 1,9–10 zitiert, zeigt dies deutlich: Die Thessalonicher haben sich von ihren Götzen abgewandt hin zu Gott, um dem lebendigen und wahren Gott zu dienen und seinen Sohn als endzeitlichen Retter aus dem Himmeln zu erwarten. Nur von dem Einen Gott und dem durch ihn gesandten Sohn her ist Rettung zu erhoffen. Deshalb sind die Götter der Griechen und Römer nur vermeintliche Götter, eben Götzen. Sie gehören nach der verwandten Überlieferung in Act 14,15–17 zum Bereich des Nichtigen. Der durch Christus geoffenbarte Gott ist nicht etwa der Mächtigste unter anderen Gottheiten, sondern der einzige und wahre Gott, Schöpfer des Himmels und der Erde (vgl. Jes 44,6–20); die jetzt neu an ihn glauben, waren zuvor ohne Hoffnung und »gottlos« in der Welt gewesen (1. Thess 4,13; Eph 2,12).

Mit dieser Abkehr vom Nichtigen hängt es zusammen, daß sich

das Leben der Christen mit der Taufe grundsätzlich geändert hat. Zuvor konnten sie sich gleichsam willenlos in ekstatischen Erlebnissen zu ihren Götzen hinziehen lassen, die doch in Wahrheit stumm sind (1. Kor 12,2); nun aber blicken sie auf ihr damaliges Leben wie auf einen bösen Traum zurück und wissen, daß all dies in der Taufe von ihnen abgewaschen worden ist (1. Kor 6,9–11). Nach Röm 1,18–32 folgt das verfehlte Leben der Menschen außerhalb des biblischen Schöpferglaubens daraus, daß sie die doch für alle offen zutage liegende Schöpfermacht Gottes mißachtet haben. Weil diese Menschen den unsichtbaren Schöpfer durch eigene Gottesbilder ersetzt haben, sind sie zu dem todeswürdigen Leben verurteilt, das sie führen. Freilich können auch diese Menschen »sogenannte Götter« anerkennen, die für sie existent sind und denen sie sich unterwerfen, wie es ja viele Götter und viele Herren gibt (1.Kor 8,5); aber für die Glaubenden kann es dabei nur um Scheingötter und vermeintliche Herren gehen, die den Menschen eine sinnlose Unterwerfung abnötigen (Gal 4,8 f). Es bleibt also dabei: die Heiden kennen Gott nicht (1. Thess 4,5), selbst wenn sie Götter verehren. Aber auch den Juden wird das neue Bekenntnis zu dem Einen Gott *und* zu dem Einen Herrn bzw. Mittler Jesus Christus zugemutet (1. Kor 8,6; 1. Tim 2,5 f), denn Gott ist nach Eph 1,17 allein der »Gott unseres Herrn Jesus Christus«.

Mit solchen Abgrenzungen insistiert die urchristliche Missionsbotschaft darauf, daß sich der biblische Schöpfergott umfassend in Jesus Christus geoffenbart hat. Wollten Menschen angesichts dessen bei ihren Göttern bleiben, also an der ihnen vertrauten Religionsgestalt festhalten, so würden sie auch das Leben verachten, das die Glaubenden gewonnen haben; sie würden sich letztlich nicht dem Schöpfergott verdanken wollen, der sich den Glaubenden in Christus erschlossen hat und ihnen durch den Geist, eben den Christusgeist, nahe ist und nahe bleibt.

3. Vertiefung und Integration

Es wäre allerdings falsch, aus den aufgezeigten Abgrenzungen zu schließen, daß der Christusglaube mit »Religion« nichts zu tun habe, daß er unmittelbar durch die Verkündigung in den Menschen wirksam werde, ohne jeden Zusammenhang mit den religiösen Erfahrungen und Bindungen dieser Menschen.

a) Unter diesem Gesichtspunkt ist zunächst von Israel und seinen Schriften zu reden, in welchen Gott sein Evangelium durch die Propheten schon vorweg verheißen hat (Röm 1,2). Juden und Gottesfürchtige sind darauf ansprechbar, denn das Neue schließt an das Alte an und bringt es zugleich im Sinn der Erfüllung oder Überbietung zu seiner wahren Geltung. Das gilt vom Glauben Abrahams (Röm 4,9–24), von der Tora (Röm 3,31), vom Opfer (Röm 3,25f; 12,1f), vom Tempel (1. Kor 3,16f; 6,19), vom »Neuen Bund« (2. Kor 3,6) und vom Liebesgebot als der Summe des Dekalogs bzw. der ganzen Tora (Röm 13,8–10; Gal 5,14). Nach Hebr 11,1–12,3 ist der Glaube der dem himmlischen Zion entgegenziehenden Christusgemeinde längst zuvor schon bezeugt und gelebt worden von den Glaubenszeugen der Schriften und der frommen Überlieferung von Abel an.

b) Aber auch Nichtjuden können bei Paulus auf ihr Verhältnis zur Schöpfung und auf ihre ethische Urteilsfähigkeit hin angesprochen werden. Wie sie im Grunde um den Schöpfergott wissen konnten (Röm 1,19f), so konnten sie auch »von Natur aus« einen Zugang zu dem finden, was die Tora wollte (Röm 2,14f). Zwar war ihnen die Tora nicht gegeben, dennoch waren die Forderungen der Tora in ihre Herzen eingeschrieben. Dieses Wissen der Heiden ist zwar nicht eindeutig und es reicht letztlich nur dazu aus, sie vor dem richtenden Gott in der gleichen Weise schuldig werden zu lassen wie diejenigen, die die Tora hatten (Röm 2,15f); dennoch bleibt die grundsätzliche und nur stets verfehlte Möglichkeit von rechtem Tun ausgesagt.

Dem entspricht die Freiheit der paulinischen Ethik, in welcher die Glaubenden jeweils selbst zu prüfen und zu entscheiden haben, was Gottes Wille sei, was vollkommen sei und was die beste der gegebenen Möglichkeiten ausmache (Röm 12,2; Phil 1,10; 1. Thess 5,21). So können auch vorgegebene Lebenszusammenhänge und selbstverständliche Pflichtenordnungen durchaus in Geltung bleiben, denn gerade der Gottesgeist leitet die Glaubenden an, ihr Leben in Besonnenheit und Einsicht zu führen (Röm 12,3; 13,1–7). Möchten daher die Korinther am liebsten schon jetzt mit dem himmlischen pneumatischen Leib ausgestattet sein, wie das manche vielleicht aus der Bekanntschaft mit Mysterienreligionen her erwarteten, so ist Paulus doch überzeugt, daß vor Gott alles darauf ankomme, was die Glaubenden »im Leib« tun, Gutes oder Schlechtes (2. Kor 5,1–10). Ähnlich konnten die Leser des Epheserbriefs von ihrer Kosmologie her erst wirklich begreifen, daß die Erhöhung Jesu Christi schon jetzt die Entmachtung der Mächte und Gewalten dieser Weltzeit bedeutete (Eph 1,20–23). Daß Paulus nach 1. Kor 9,22 »allen alles wurde«, um nur auf jede Weise einige zu retten, ist für ihn ein Zeichen der aus dem Evangelium gewonnenen Freiheit selbst (1. Kor 9,19.23). Der Christusglaube kann ein vorhandenes religiöses Selbstverständnis ernstnehmen, er kann es vertiefen, zu seinem wahren Sinn bringen, aber auch korrigieren.

c) Sicher ist die urchristliche Verkündigung in dieser Hinsicht von der Botschaft Jesu selbst geprägt worden. Bezeichnend ist zum einen die scharfe »Religionskritik« Jesu: Gerade die Frommen und in ihrer religiösen Tradition Sicheren bekommen Vorwürfe, ja sogar Weherufe zu hören; die Menschen werden insgesamt aufgerufen, sich nicht mehr an ihr bisheriges Leben und seine Werte zu klammern (Mk 8,35 f). Den Weisen und Klugen bleibt Gott nämlich verborgen, den Unmündigen wird er offenbar (Mt 11,27).

Zum anderen hat Jesus aber bestimmte religiöse Traditionen durchaus positiv aufnehmen können, so z. B. die biblische Hochschätzung der Armen und Geringen (Lk 6,20). Gerade solchen, die ein frommes Leben nach der Tora und der mündlichen Toraauslegung nicht zu führen vermochten, konnte er ein grundsätzliches Verlangen nach Gott und die Bereitschaft für die Gottesherrschaft zusprechen; sie waren bereit für Gott, wie Kranke auf Heilung warten (Mk 2,17) und wie Kinder auf Liebe und Hilfe seitens der Erwachsenen angewiesen sind (Mk 10,14 f). Die sich nach Befreiung aus Krankheit, Sünde und Nichtigkeit des Lebens sehnten, erfuhren durch Jesus die Gottesherrschaft an sich selbst und in ihrer Mitte (Lk 11,20; 17,21), während die »Wissenden« zu hören bekamen, daß sie die Zeichen am Himmel wohl zu deuten vermögen, die Zeichen der Zeit aber nicht (Lk 12,54–56). Die Gleichnisse Jesu erschließen seinen Hörern das, was sie eigentlich auch selbst von Gott wissen oder erfahren konnten, wenn sie es sich nur einzugestehen wagten. Solchen Menschen konnte es durch Jesus leicht werden (Mt 11,28–30), sich freudig (Mt 13,44–46) oder sorgenfrei (Mt 6,25–34) auf die Herrschaft dieses Gottes einzulassen und sich dabei als die Kinder des »Vaters im Himmel« zu begreifen, dessen Liebe und Güte Böse wie Gute ihr Leben verdanken (Mt 5,44f).

d) Von daher steht die lukanische Konzeption einer Anknüpfungstheologie in Act 14,15–17 und 17,16–31 nicht so isoliert im Neuen Testament da, wie man denken möchte. Allerdings kann Lukas, anders als Paulus, ein gewisses Verständnis dafür aufbringen, daß die Heiden bisher das Nichtige angebetet haben und in Lystra deshalb sogar Paulus und Barnabas als Zeus und Hermes verehren wollten (Act 14,11–13). Gott hat sie ja in den vergangenen Zeiten ihre eigenen Wege gehen lassen. Seine Wohltaten als Schöpfer und Erhalter haben bei ihnen allenfalls ein vorläufiges Wissen um Gott bewirken können. Glaube kann daraus aber erst entstehen, wenn die rettende Heilsbotschaft von Christus gehört wird. Nehmen sie diese Botschaft an, so bezeugt sich ihnen darin der Gott, dem in Wahrheit auch bisher schon ihr noch unbestimmtes religiöses Verlangen galt (Act 17,22–31). Der biblische Schöpfergott hat mit der Erschaffung des ersten Menschen allen Menschen seinen Willen und Plan vorgegeben, »damit sie Gott suchen sollen, ob sie ihn wohl fühlen und finden könnten«, denn »Gott ist nicht ferne von einem jeden unter uns« (Act 17,27). Die Schöpfungserfahrung ist hier in der Tat eine Vorbereitung des Evangeliums. Unentschuldbar werden die Heiden vor dem Richter erst damit, daß sie nun auch den Umkehrruf des Evangeliums zu hören bekommen. Jetzt ist Gott also auch für sie kein unbekannter Gott mehr (Act 17,23.30f).

4. Gefährdungen des Christusglaubens

In den urchristlichen Gemeinden konnten schließlich Konflikte aufbrechen zwischen dem Christusglauben und religiösen Überlieferungen oder Praktiken, die abgesehen von Christus ihr eigenes Recht beanspruchten und damit auch das »in Christus« erfahrene neue Leben wieder dem alten ähnlich machten. Hier kommen bei Paulus in der Auseinandersetzung mit einer judenchristlichen Infragestellung seiner Verkündigung zunächst jüdische Überlieferungen in den Blick, die er nicht an sich verwerfen will oder kann, die aber mit seinem Evangelium für die Heiden unvereinbar sind, weil sie die universale Glaubwürdigkeit des Christusglaubens nachträglich wieder zunichte machen würden: die Forderung der Beschneidung, das Leben nach der Tora, die exklusive Auffassung von der Abrahamskindschaft und vom erwählten Gottesvolk, die religiöse Begehung von Feiertagen und Festzeiten (Gal 3–4; Phil 3,2–4,1). Zumindest der Glaube von Nichtjuden wäre in Frage gestellt, wenn er sich zusätzlich noch dieser religiösen Überlieferungen der Juden zu seiner eigenen Vergewisserung und zu seiner Anerkennung vor Gott zu versichern hätte.

Eine andere Gefährdung des Christusglaubens kam aus der gebildeten und religiös aufgeschlossenen hellenistischen Welt. Ureigene Erfahrungen des Christusglaubens wie das neue Selbstverständnis des Freiseins oder das Erfülltsein vom Gottesgeist konnten sich auch verselbständigen und damit ihren Bezug zu dem gekreuzigten und auferweckten Christus verlieren. Glaubende konnten sich einer pneumatischen Christusidee und ekstatischen Vollkommenheitserfahrungen hingeben. Hier mag es zu spezifisch urchristlichen Formen von Religiosität gekommen sein, die sich aus religiösen überlieferten Erfahrungen nähren konnten. Paulus stellt ihnen hart die allein im »Wort vom Kreuz« beschlossene Weisheit Gottes gegenüber (1. Kor 1,18–2,16). Kriterium des Christusglaubens ist nicht das Selbstgefühl von Einzelnen, nicht die »Begeisterung«, die über die Realität des somatischen Lebens hinwegträgt, sondern die »Erbauung« der gesamten Gemeinde als der Ekklesia Gottes (1. Kor 10,23; 14,12). Der Christusgeist ist nicht in jedem religiösen Erlebnis lebendig, sondern nur im deutlichen Christusbekenntnis und in den Geistesgaben, die der Gemeinde insgesamt zugutekommen (1. Kor 12,1–31).

In Auseinandersetzung, Vertiefung und Integration und schließlich in kritischer Abgrenzung gegen nachträgliche Entstellung hat der Christusglaube seine eigene Religionsgestalt von der Wurzel der jüdischen Religion her inmitten der antiken Religionen gefunden. Neues und Altes ist zusammengekommen (vgl. Mt

13,52), wobei das Neue sicher das Alte aufgesprengt hat (vgl. Mk 2,21f). Paulus als der wohl entschiedenste Verfechter des Neuen und der universalen Gültigkeit des Christusglaubens mag zugleich als Zeuge dafür gelten, daß mit der Glaubwürdigkeit des Neuen die des Alten nicht einfach aufgehoben ist (Röm 9–11) und daß zugleich die in Christus konkret gewordene Offenbarung Gottes auch alle die betrifft, die nicht aus der jüdischen Religion kommen und eben dennoch an der endzeitlichen heilvollen Zuwendung Gottes zu allen Menschen Anteil haben. So ist die urchristliche Botschaft für »die Vielen« insgesamt glaub-würdig geworden.

2. Die Anfragen des Judentums an die Kirche

Im folgenden werden die Anfragen des Judentums an die Kirche nicht von Juden selbst formuliert. Vielmehr reden wir hier als Christen, die aus der leidvollen Geschichte der Juden heraus und durch den in den letzten Jahren möglich gewordenen Dialog zwischen Juden und Christen zu ihren Überlegungen und Feststellungen gekommen sind. Wir wissen dabei, daß sich in diesem Dialog unsere Positionen in allem am Zeugnis der Heiligen Schrift zu bewähren haben; durch eine intensivere Wahrnehmung der Juden und ihrer Anfragen an die christlichen Kirchen sind aber auch wir selbst zu einem aufmerksameren Umgang mit den biblischen Schriften angeleitet worden.

a) Gemeinsamkeiten

Die Kirche hat zu keiner Religion geschichtlich und inhaltlich eine so enge Beziehung wie zur jüdischen. Der Glaube an den einen, in der Bibel bezeugten Gott verbindet Juden und Christen. Die Christen lesen die Heiligen Schriften Israels als ihr Altes Testament. Altes wie Neues Testament bezeugen in sich wandelnden Vorstellungen Gott als einen liebenden und gerechten, der geschichtlich handelt und Herr der gesamten Wirklichkeit ist.

Die Auffassung von Geschichte als eines Weges von der Schöpfung hin zur Neuschöpfung, unwiederholbar, von Gott den Menschen als Verantwortungsraum eröffnet, ist Israel und der Kirche gemeinsam. Zusammen mit Israel hoffen wir auf die Erfüllung aller Verheißungen Gottes in der endzeitlichen Erneuerung von Himmel und Erde.

b) Jesus von Nazareth

Der als Jude geborene Jesus von Nazareth verkörpert Verbindung wie Trennung zwischen Juden und Christen. Wir Christen glauben ihn als den Christus, den von Gott Erwählten und Gesandten, der mit seinem Leben und Sterben, seinem Verkündigen und Handeln die Nähe des Reiches Gottes nicht nur verkündet, sondern verwirklicht, wie in den endzeitlichen Zeichen der Totenauferwekkung, der Krankenheilungen, der Sündenvergebung und der Solidarität mit Armen und Gefangenen deutlich wird. Wir glauben ihn zugleich als den von Gott Auferweckten. Gott hat sich damit zu seinem Werk bekannt. Das nimmt die Christen in seine Nachfolge.

Die Mehrzahl der Juden kann in Jesus nicht den Messias sehen . Sie lesen Tora, Propheten und Schriften anders als die Christen. Von daher fragen sie:

Müßte nicht die Erneuerung des Himmels und der Erde eingetreten sein, müßte nicht nur der Messias, sondern auch das alles richtende und erneuernde messianische Reich Gottes gegenwärtig sein, wenn in Jesus der erhoffte Messias bereits gekommen wäre?

Dies war auch die Anfrage Johannes des Täufers aus dem Gefängnis: »Bist du es, der da kommen soll, oder sollen wir auf einen anderen warten?« (Mt 11,1–6). Die Frage wird von Jesus mit dem Hinweis auf die Verwirklichung der bisher erhofften messianischen und endzeitlichen Zeichen beantwortet.

c) Antijüdische Verirrungen

Ein zentraler Inhalt des jüdischen und des christlichen Glaubens, nämlich die Herrschaft Gottes über Himmel und Erde, wird von Juden und Christen unterschiedlich aufgefaßt, vor allem hinsichtlich des Verständnisses der Tora, und so entsteht bei aller ursprünglichen Gemeinsamkeit dennoch Distanz. Über der Frage, wie die Tora von Christus her auszulegen sei und ob sie für Juden und Nichtjuden unverändert in gleicher Weise gültig sein könne, ist es bereits in den urchristlichen Gemeinden zu einer zunehmenden Entfremdung vom damaligen Judentum gekommen. Dabei hatte zunächst auch das zeitgenössische Judentum zur Isolierung und zur Bekämpfung des frühen Christentums beigetragen, bis schließlich nach der Anerkennung des Christentums als der offiziellen römischen Staatsreligion im 4. Jahrhundert eine umfassende Verfolgung aller nichtchristlichen Religionen im Römischen Reich einsetzte, von der auch das Judentum nicht ausgenommen war.

Angesichts dieser Entwicklung müssen sich die Christen allerdings fragen lassen: Hängt die in der Christenheit früh einsetzende, heilsgeschichtlich begründete Distanzierung vom Judentum (vgl. Barnabasbrief und Melito von Sardes), die dann zur Judenfeindschaft führte, nicht damit zusammen, daß Christen sich die jüdischen Anfragen an ihren Glauben nicht mehr gefallen lassen wollten? Können die Beschuldigungen, die Juden seien Gottesmörder, ihre Ablehnung des Messias habe ihre Leiden bedingt, nicht auch Fluchtbewegungen sein vor der jüdischen Anfrage, woran sich denn das Gekommensein des Reiches Gottes und die Wirklichkeit des Leibes Christi als der irdischen Existenzform des Gekreuzigten und Auferstandenen erkennen lassen? Mit solchen Distanzierungen und Beschuldigungen war jedenfalls der Weg des Antisemitismus, der in der Geschichte der Kirche immer wieder hervortrat, eröffnet. Säkulare Judenfeindschaft wurde so gefördert. Diese schon früh einsetzende unheilvolle Geschichte von Entfremdung, Distanzierung und schließlich Nichtanerkennung zwischen Juden und Christen muß ein Ende finden.

d) Die Frage nach dem kirchlichen Zeugnis

Das Zeugnis der Kirche gegenüber Israel kann nicht in gleicher Weise Mission sein wie gegenüber den anderen Religionen, denn die Kirche ist nur mit Israel durch eine gemeinsame Grundlage verbunden.

Die Geschichte des alten Israels hat nämlich zwei Fortsetzungsgeschichten, Judentum und Christentum. Die Kirche verhält sich zu Israel nach Röm 11,17ff wie die eingepfropften Zweige gegenüber den ursprünglichen Zweigen. Beide haben Anteil an der gleichen Wurzel. Dies kann man von den anderen Religionen nicht sagen.

Dennoch ist es zum christlichen Glauben dadurch gekommen, daß Jesus von Nazareth, der Gekreuzigte, von seinen Nachfolgern und von den ältesten urchristlichen Gemeinden in Israel, vor Israel und schließlich unter den »Völkern« als der von Gott Auferweckte und in seine Herrschaft eingesetzte Christus bezeugt wurde. An das urchristliche Zeugnis sind die christlichen Kirchen gebunden, auch gegenüber dem Judentum. Dieses Zeugnis will Israel nicht ausgrenzen, sondern es knüpft an die Erwählung des Gottesvolkes an und bestätigt sie, indem es auf das von Israel ausgehende, nun alle Völker einschließende Handeln Gottes hinweist.

Das christliche Zeugnis wird allerdings angemessen nur innerhalb eines Dialogs mit dem Judentum zur Sprache kommen können und dabei zu immer tieferer Erkenntnis der Zusammengehörigkeit beider Glaubensgemeinschaften vor dem Angesicht Gottes führen. Angesichts einer Welt, die auf das Bekenntnis sowohl der Christen wie auch der Juden zum Gott Israels angewiesen ist, sollte auch nach Möglichkeiten praktischer Zusammenarbeit gesucht werden. Israel und die Kirche warten auf das endzeitliche Handeln Gottes, das mit der Vollendung der Welt auch die Entzweiungen in seiner Gemeinde heilen wird.

3. Standortbegründung für das Verhältnis der christlichen Kirchen zu den außerchristlichen Religionen

Für das Gelingen einer Begegnung der Christen als Glieder ihrer Kirchen mit den außerchristlichen Religionen, die in allen Kontinenten stattfindet – zumal auch in Westeuropa – hängt sehr viel von dem Standort ab, den die Christen dabei einnehmen. Das darf nicht ein überlegenes Wahrheitsbewußtsein sein, für das alle außerchristlichen Religionen düsterer Dämonendienst und heidnische Abgötterei sind. Gegenüber einer solchen Haltung schließen sich alle Türen für eine Begegnung. Die Christen haben aber angesichts ihrer tatsächlichen kirchlichen Situation auch keinen Grund, einen solchen Überlegenheits-Standort einzunehmen. Der zu jedem religiösen Glauben gehörige Absolutheitsanspruch hat mit einem Standort »geistlicher Überlegenheit« nichts zu tun. Vielmehr sollten Christen und christliche Kirchen in dem klaren Bewußtsein, die »Wahrheit« des Wortes Gottes nur in vielfältig gebrochenen Formen – vergleichbar den »irdenen Gefäßen« von 2. Kor 4,7 – zu leben, einen sehr viel bescheideneren Standort einnehmen.

Im Wissen um die Fraglichkeit der eigenen Positionen sollen sie Ohren und Augen für die hochstehenden religiösen Vorstellungen anderer Religionen – z. B. von dem für das Heil der Menschen sterbenden Gott wie von der Drangabe eigener menschlicher Selbstbehauptung vor Gott, von der Liebe zu allen Wesen dieser Welt wie von der Opferbereitschaft – bekommen. Wir wollen in diesem Teil versuchen, diesen Standort zu begründen. Drei komplexe Zusammenhänge haben wir dabei zu bedenken: Die Sakralisierung der Botschaft Jesu, die Konfessionalisierung des einen Leibes Christi und die Indigenisierung des Kerygmas in seiner weltweiten Ausbreitung.

a) Die Sakralisierung von Jesu Wort, Werk und Person

Die Evangelien zeigen, daß Jesus immer wieder die kultischen Schranken des Judentums, besonders der Priesterschaft, der Toralehrer und mancher pharisäischer Gruppen, zerbrach. Seine Sabbatheilungen, die wie die Heilung der gelähmten Hand in Mk 3,1–6 durchaus Aufschub vertragen hätten, zeigen seine grundsätzliche Ablehnung der kultischen Ausgrenzungen. Der Sabbat ist um des Menschen willen da und nicht umgekehrt, wie Jesus nach Mk 2,27 feststellt. In Mk 3,2 gibt Jesus zu bedenken, ob man am Sabbat gegen die sakrale Voraussetzung seiner Gegner Gutes statt des Bösen tun solle. Kein Pharisäer hätte geleugnet, daß man am Sabbat Gutes tun darf. Aber das Tun steht am Sabbat eben unter einer sakralen Sanktion, und dem hat sich die Frage nach dem Guten unterzuordnen. Jesu Frage hebt die sakralen Sanktionen auf. Es liegt in den Evangelien auf der Hand, daß Jesus in seinem Wort wie in seinem Werk fromme Traditionen überschreitet, da er Wesentlicheres zu sagen und zu tun hat. Das große Fest der letzten Dinge hebt an, und da kann keine Fastenordnung mehr Gewicht haben (Mk 2,18–22). Er macht daher den Eindruck, ungeordnet seinen Triebeingebungen zu folgen: ein »Fresser und Weinsäufer« (Mt 11, 19). Die religiös ungewöhnlich tief durchformte israelitische Kultur wurde durch Jesu Wort, Werk und Person mit dem Einbruch des Reiches Gottes konfrontiert und mußte mit ihren Traditionen an der »Freiheit des Menschensohnes« an ihre Grenzen stoßen. Der Widerstand von Pharisäern wie Sadduzäern nimmt nicht Wunder. Jesus, der sich zu den »verlorenen Schafen Israels« gesandt wußte, konnte dem nicht ausweichen.

Die Freiheit, in der Jesus und seine Jünger-Gemeinde lebte, ohne z. B. den Synagogengottesdienst oder den Passabrauch zu verlassen – die Rede davon, Jesus wolle den Tempel zerstören, war ja eine für den Prozeß herbeigeholte Mißdeutung Jesu – diese Freiheit in den sakralen Umschlossenheiten israelitischen Lebens, die sich gegen alle Sakralität wandte, wo sie das Kommen des Reiches hinderte, ließ sich in der Urgemeinde nach der Auferweckung Jesu nicht durchhalten. An der Frage des israelitischen religiösen Gesetzes zerbrach die Einheit der jungen Christenheit: Viele Judenchristen lebten im Zaun des Gesetzes. Die Heidenchristen lebten in der Freiheit vom Gesetz. Die Freiheit Jesu im Gesetz aber war dadurch zerbrochen. – Der Verkündiger wurde der Verkündigte, der in der hellenistischen Welt dann auch analog zu den Kultgottheiten der Mysterien und Erlösungsreligionen verehrt wurde. Damit war der Weg betreten, der die kultische Unmittelbarkeit Gottes oder des Göttlichen suchte und sie z. B. in der Ikone oder in der geweihten Hostie auch fand. Damit zog die Sakralität in die christliche Frömmigkeit ein. Der heilige Temenos grenzte sich aus der Welt aus. Das Heilige nahm einen eigenen Raum ein, und die Religiosität des Menschen, die der Unmittelbarkeit Gottes bedürftig ist, fand reiche Nahrung.

Die Sakralität der Kirche ist in der Geschichte der Kirche nicht unangefochten geblieben. Am sichtbarsten geschah dies in der Reformation des 16. Jahrhunderts. Die Reformation war zumal durch die Sakralität in den vielen Riten, Prozessionen, Bildern, Reliquien und Gewändern in Bewegung gebracht. Zwar kämpfte Luther gegen die wilde Bilderstürmerei. Aber er wandte sich klar gegen jeden Versuch, in den vielen sakralen Werken die Gerechtigkeit vor Gott zu suchen. Es ist freilich deutlich, daß sich gerade in dieser Hinsicht die Unterschiede z. B. zwischen Lutheranern und Reformierten zeigen. Die »Profanisierung« der Kirchengebäude und der liturgischen Formen nahmen in beiden Kirchen sehr verschiedene Formen an. Diese Formen sind Kennzeichen für sehr grundsätzliche, den Glauben wie sein Verhältnis zu Wort und Sakrament charakterisierende Unterschiede. Die lutherischen Kirchen können mit Kerzen, Kruzifixen und einer an die alte Kirche angelehnten Liturgie noch sehr sakral wirken. Der Grund für Luther, diese Dinge zu belassen, lag allerdings zunächst in seiner geistlichen Freiheit, die es nicht für nötig hielt, allzu radikale Veränderungen vorzunehmen. Zum anderen haben die lutherischen Kirchen die Erfahrung gemacht, daß die Verkündigung des Evangeliums sich zwar vorrangig in Predigt und im Hören des Wortes ereignet, daß aber daneben auch äußere Symbole und Bilder Träger der Verkündigung sein können. Auch die heutige Spiritualität gibt solchen Kirchen recht, die – wie die lutherische – äußere Symbole verwenden.

Mit der Sakralisierung des christlichen Glaubens – das ist dabei zu bedenken – steht der Ernst der Menschwerdung auf dem Spiel: Gott ist in Jesus von Nazareth ein israelitischer Mann geworden. Auf diese Menschwerdung kommt alles an. Sie findet ihren tiefsten Ausdruck in der Kreuzigung Jesu, also im Tode dieses Mannes, als der letzten Realität der Inkarnation Gottes. Wenn man freilich den Christus Pantokrator in den byzantinischen Mosaiken ansieht, ist von der Menschlichkeit Jesu nicht mehr viel übrig. In dieser Weise hat die Kirche Jesus immer wieder seiner Menschlichkeit zu entreißen gesucht, um seiner Göttlichkeit näher zu kommen. Daß Gott in dieses Menschenleben einging, daß er Jahr für Jahr als dieser israelitische Mann lebte, daß er als solcher starb und Vergangenheit wurde, ist aber gerade der Kern der Sache. Diese »Profanität« der Inkarnation deutlich zu erhalten, ist der gewichtigste Grund gegen alle Sakralisierungen. Sie wollen die unmittelbare Präsenz Gottes als Sakralität. Der »religiöse« Mensch verlangt danach. Die Verborgenheit Gottes in Jesu höchst profaner Menschlichkeit bzw. in dem ebenso profanen Buche, das man Bibel nennt, genügt der Sehnsucht nach religiöser Unmittelbarkeit nicht. Man versucht daher, die Bibel genauso zu sakralisieren wie alle »geistlichen« Handlungen, wie auch Jesus, den Sohn des Tischlers Joseph aus Galiläa.

b) Die Konfessionalisierung des »einen Leibes« Christi

Die Kirche wird von Paulus und seiner Schule als Leib Christi bezeichnet, womit der Gedanke der Gliedschaft mit den unterschiedlichen Aufgaben der Glieder, wie der der gegliederten Einheit in der organischen Verbindung zu dem Haupt Christus sichtbar wird. Die Kirche – als Kyriake, als dem Herrn Gehörige – ist ja etwas anderes als eine von den einzelnen Christen gebildete Gemeinsamkeit. Die Kirche geht dem Christsein immer objektiv voraus. Der Christ findet sich in ihr vor, aber er bildet sie nicht. In ihrer Leibhaftigkeit ist die Kirche immer auch Institution. Sie teilt alle Eigenarten von Institutionen und erweist sich als ihren Notwendigkeiten untergeben.

Das Kirchesein des christlichen Glaubens stellt eine Eigenart des Christentums dar, die es so in den anderen Religionen nicht gibt. Der Hinduismus kennt gar keine gemeindlichen Gesamtverbände. Jeder Hindu hat die Freiheit, sich diesem oder jenem Kult anzuschließen. Der Buddhismus kennt nur die Mönchsgemeinde, an deren Kult die Laien teilnehmen können, wo sie den Dienst der Mönche für die *rites de passage* in Anspruch nehmen können. Aber dies sind ganz lose Verbindungen. Der Islam kennt zwar die *umma* – die immer auch politisch gemeinte Versammlung zum Gebet und zur Koran-Unterweisung. Eine Analogie zu der geistlichen Körperschaft der christlichen Kirche gibt es aber auch im schiitischen Islam nicht.

In seinem Glauben anerkennt der Christ seine Zugehörigkeit zu dem Kyrios als seine Gliedschaft an der Kirche. Dieser Vorgang aber vollzieht sich nicht automatisch, sondern in der Freiheit des die Botschaft verstehenden Menschen. Die Botschaft Jesu in ihrer ganzen Mehrdeutigkeit, die sie mit allen historischen »Dokumenten« teilt, ruft den Menschen zum begreifenden Einverständnis. Die Botschaft muß interpretiert und übersetzt werden. Jeder lebendige Glaube steht vor dieser Herausforderung. Der christliche Glaube ist denkender Glaube.

Wir sahen oben, daß seit dem Tode Jesu die Einheit der Christenheit an der Frage nach der Gültigkeit des religiösen Gesetzes zerbrach. Judenchristentum und Heidenchristentum lösten sich voneinander. Die Haltung Jesu ermöglichte beide Interpretationen, ja sie forderte sie heraus. So zerbrach die Einheit der jungen Kirche. »Die« Wahrheit war weder in der juden- noch in der heiden-christlichen Interpretation.

Der christliche Glaube lebt in der Freiheit des denkenden Glaubens, der darauf angewiesen ist, seine Glaubensinhalte interpretatorisch dem Verstehen zuzuführen. Diese Freiheit verdankt sich der Tatsache, daß »dieser Gott«, wie das Mittelalter sagte, *non cogit sed trahit* (»nicht zwingt, sondern bewegt«). Diese Tatsache ist Ausdruck der großen Gnade Gottes, der den Menschen nicht wie *lapis aut truncus* (»Stein oder Stamm«), sondern ihn in der Mitte seines Personseins anspricht. In dieser Freiheit hat der glaubende Mensch den einen Leib Christi nicht nur in jene Spaltung von Juden- und Heidenchristen und damit um seine Einheit gebracht, sondern es folgten andere Spaltungen, die ähnlich tief in das Gesamtgefüge des Glaubens einschnitten. Denken wir nur an das arianisch-athanasianische Schisma, an die Spaltung in Römisch-und Griechisch-Katholisch sowie an die Spaltung von Katholisch und Evangelisch im 16. Jahrhundert.

Man kann leicht zeigen, daß der Eindruck, es handele sich bei diesen Spaltungen um Unterschiede in zwei oder drei Sonderlehren, falsch ist. Es handelt sich bei den verschiedenen sog. Konfessionen vielmehr um verschiedene Grundverständnisse des christlichen Glaubens, deren Verschiedenheit nach ökumenischem Verständnis das Ganze der Glaubensinhalte betrifft. Sie bilden jede für sich eine in sich geschlossene Einheit. Die Verschiedenheiten, die ja auch die Frage nach dem Amt wie nach der Kirche selbst betreffen, lassen die Frage nach »der« Wahrheit notwendig offen stehen. Keines dieser konfessionellen Grundverständnisse darf so tun, als stelle es »die« christliche Wahrheit dar. Die Verschiedenheiten zeigen die Zerreißung des einen Leibes Christi. Die *eine* christliche Taufe, die als einzige christliche Handlung von allen Konfessionen gegenseitig anerkannt wird, ist ein einsamer Fels in der Flut der Meinungen. Es mag sein, daß wir gegenwärtig in der Bildung eines neuen Grundverständnisses begriffen sind, das ganz von der Einheit der Kirche aus auf Einheit der Kirche hin gedacht ist. Es wird sich neben die bisherigen Grundverständnisse stellen, aber die Zerrissenheit des einen Leibes Christi letztlich nicht aufheben können.

Die Konfessionalisierung des »einen Leibes« Christi markiert seine Zerreißung. In dieser Zerreißung kann von einem ungebrochenen Wahrheitsbewußtsein nicht die Rede sein. Man kann »das« Christliche auch nicht in einem Subtraktionsverfahren erreichen, das das allen Konfessionen »Gleiche« als das gemeinsame Christliche ansieht. Freilich ist jede der Konfessionen von der Berechtigung ihres Grundverständnisses überzeugt. Gott sei Dank, daß dies heute nicht mehr zu einer Verurteilung aller anderen Konfessionen führt, sondern daß das Hören aufeinander und das daraus folgende gemeinsame Handeln in und trotz der Unterschiede möglich und notwendig ist.

Wir haben hier ein Exempel des Absolutheitsanspruches auch der Religionen vor uns. Dieser Absolutheitsanspruch ist ebenfalls unvermeidbar, muß aber nicht dazu führen, alle außerchristlichen Religionen als Götzendienst abzuurteilen. Denn wie die christlichen Konfessionen in allen Unterschieden Gemeinsamkeiten – wie z. B. die eine Taufe – zeigen, die es möglich machen, miteinander und füreinander zu handeln, so hat der christliche Glaube als Religion mit allen Religionen in allen Unterschieden Gemeinsamkeiten, und sollte das auch nur die einer Strukturgleichheit von Gott, der heilend hervortritt, und der Religiosität des Menschen, die aus dem Nihilismus errettet wird – sein.

c) Die Indigenisierung des christlichen Kerygmas

Die christliche Botschaft, d. h. Jesu Wort, Werk und Person, ist ein historisches Ereignis, das als solches in eine bestimmte Zeit und in einen bestimmten geographischen Raum eingesenkt ist. Die christliche Botschaft gehört in den aramäischen Sprachraum zur Zeit der hellenistischen Überformung des Judentums. Diese Botschaft löst sich nach der Himmelfahrt Jesu aus diesem Bereich, geht im Zeichen des Zeugnisses vom Kommen Gottes in die hellenistische Welt über und lebt sehr bald im griechischen Sprachraum. Der Niederschlag des Zeugnisses im Neuen Testament ist schon Griechisch gefaßt. Die Apologeten gräzisieren dann grundsätzlich. Tertullian latinisiert ebenso. Die karolingische Renaissance germanisiert wiederum , was sich ins Mittelalter fortsetzt.

Der eigentliche »Bruch« in dieser Entwicklung liegt in der Gräzisierung der semitisch-aramäischen Botschaft. Es ist etwas grundsätzlich Neues, was z. B. mit den platonischen Lehren in das frühe Christentum eindringt. Uns ist die griechische Vokabelkunde, Syntax und Metaphysik als Grundmuster christlichen Theologisierens völlig selbstverständlich. Es unterliegt keinem Zweifel, daß diese Denkmittel – ob mehr platonisch-neuplatonisch oder dann mehr aristotelisch – den Indogermanen Westeuropas entsprachen, die Eigenart der Botschaft aber in vielfacher Hinsicht veränderten. Dazu braucht man nur die Logos-Spekulation zu zitieren, oder man kann den lateinischen *sacramentum*-Begriff bedenken. In beiden Fällen liegt die Verfremdung der Botschaft Jesu im Zuge ihrer Indigenisierung im westmittelmeerischen Bereich auf der Hand.

Aber die Geschichte der Indigenisierung des Christentums ist – das müssen wir deutlich festhalten – die Geschichte der Kondeszendenz Gottes. Gott geht mit seinem Wort in die Denk- und Empfindungs-Welten, die das Zeugnis sucht, ein. Er bleibt nicht draußen oder an der Oberfläche stehen. Er setzt in seiner Kondeszendenz die von seiner Botschaft Erreichten in Bewegung, das Wort ganz zu verstehen, ganz sich zu eigen zu machen – und darin nun freilich auch zu verändern! Die anderen Wege der Indigenisierung in der ökumenischen Christenheit (z. B. bei Kopten, Syrern, Thomaschristen u. a.) halten die abendländische Form der christlichen Indigenisierung offen.

Wir stehen heute in einer ständigen Auseinandersetzung mit diesen Fragen. Die Kirchen Asiens und Afrikas, die zunächst in den westeuropäischen theologischen Traditionen aufgebaut wurden, lösen sich aus diesen Traditionen. Sie wollen ihr indonesisches, japanisches oder westafrikanisches Christentum leben. Dies Verlangen ist völlig berechtigt. Aber es ist – wie die vielen Versuche zeigen – nicht leicht, das Christentum aus seinen europäischen beispielsweise in japanische Denk- und Empfindungstraditionen zu überführen, ohne dabei die westlichen christlichen Glaubensüberzeugungen zu verletzen.

Das, worauf es bei dieser Frage der Indigenisierung der christlichen Botschaft als Ausdruck der göttlichen Kondeszendenz hier ankommt, ist die Einsicht in die Veränderung der Botschaft in diesen Übergängen, die ihre Identität in der Angemessenheit der jeweiligen Interpretation des Neuen Testaments erweisen muß. Der Abstand westeuropäischen Verständnisses von Jesu Wort, Werk und Person ist nicht nur zeitlich groß. Er ist durch die Indigenisierung der Botschaft in besonderer Weise vertieft. Das zeigt die westeuropäische Dogmen- und Kirchen-Geschichte in besonderer Weise. Die griechische Interpretation hat die Botschaft verändert. Dies aber ermöglichte der Kondeszendenz Gottes – sein tiefes Sich-Einlassen in die Denk- und Empfindungscharaktere der von der Botschaft der Bibel erreichten Völker und Kulturen. Dieses »gnadenvolle« Geschehen setzt sich fort. Es wird und es muß sich auch heute in Asien, Afrika wie in Südamerika fortsetzen.

In dem Bedenken dieses Geschehens steht die immer neue Selbstpreisgabe dieses Gottes als Heiliger Geist vor uns. Gott sucht die Menschen in ihren tief verschiedenen Denk- und Empfindungswelten auf und geht in sie hinein. »Die« christliche Wahrheit, d. h. die Vergebung der Sünden, der Zugang zu dem nahen Gott, den wir in seinem Sich-Findenlassen suchen, geschieht auf Grund dieser Indigenisation in allen Kulturen. Aber keine Kirche kann in dem Bewußtsein leben, die reine Wahrheit zu besitzen oder zu »verwalten«.

d) Der Standort der Buße

Wenn wir die Sakralisierung, die Konfessionalisierung und die Indigenisierung der Botschaft des Neuen Testaments in ihrer Unausweichlichkeit und Ambivalenz bedenken, vergeht uns die überhebliche Haltung den anderen Religionen gegenüber, in der wir unsere Überzeugungen und Traditionen als »die« christliche Botschaft auszugeben versucht sind.

Wir können unsere christlichen Überzeugungen – wenn wir ehrlich sind – nur in tiefer Ungesichertheit leben, die sich ganz auf Gott angewiesen weiß, der unserer »Unwissenheit« zu Hilfe kommen muß. Man muß in vieler Hinsicht sagen, daß wir die Wahrheit Gottes in der Gefangenschaft unserer sakralen, denkerischen wie ethnischen Bedürfnisse halten. Gott regiert und erhält die Welt auch durch die vielen Religionen hindurch, deren Gläubige uns an Selbsthingabe, Frömmigkeit und Andachtstiefe oft viel voraus haben. Beziehen wir den Platz, der uns zukommt! Dieser Platz ist die tiefe Angefochtenheit durch die Brüchigkeit und Zweifelhaftigkeit unserer kirchlichen und theologischen Positionen. In dieser Angefochtenheit allein wächst die Buße, deren unverstellte Sicht den Blick für die außerchristlichen Religionen in ihrer Gottesverehrung freigibt. Wir nehmen uns und unsere Positionen nicht mehr so ernst, als hätten wir Gottes Präsenz in unserer Verfügung. Wir sind die ganz auf sein Eintreten in diese Welt Angewiesenen und Sich-Anweisenden. Er allein kann und wird sein Wort bewahrheiten, das in Jesus Christus als Heil der Welt erschienen ist.

4. Handlungsbegründung für die Begegnung der christlichen Kirchen mit den außerchristlichen Religionen

a) Das dreieinige Handeln Gottes

Das Handeln der christliche Kirchen wird möglich und ist begründet im Handeln Gottes, weil alles kirchliche Handeln an den Inhalten orientiert ist, die das Handeln Gottes ausfüllen. Das Handeln Gottes erweist sich als dreifaltig, erstens als das Handeln des Schöpfers und Regierers der Welt, zweitens als das eschatologische Heilshandeln Gottes als Jesus von Nazareth und drittens als das die Inhalte des Welt- und Heilshandelns Gottes vergegenwärtigende und austeilende Gotteshandeln als Heiliger Geist. Diese Dreifaltigkeit des Handelns Gottes wird in einem doppelten *ordo* beschreibbar:

Zum einen als Seins-Ordnung (*ordo essendi*), an deren Spitze Gott als Schöpfer und Regierer der Welt steht, der der Vatergott Jesu Christi ist. Ihm folgt sein »geliebter Sohn«, der israelitische Mann Jesus von Nazareth. Von beiden geht der Heilige Geist aus, den Gott als Geist seines Sohnes in die Herzen der Christen sendet mit dem Ruf: »Abba, lieber Vater« (Gal 4,6). Dieser Anordnung folgt das Apostolicum. Neben der Seinsordnung steht zum anderen die Erkenntnis-Ordnung (*ordo cognoscendi*), an deren Spitze der Heilige Geist in seinem Werk, den Glauben zu schaffen, steht. Sein »Thema« ist Jesu Wort, Werk und Person, die er vergegenwärtigt. Ihm folgt daher die Erkenntnis von Jesu Wort, Werk und Person. Jesu »Thema« ist die Zuwendung Gottes des Vaters und der Anbruch seines Reiches. Ihm folgt daher die Erkenntnis von

Gottes, des Vaters, Welthandeln in Schöpfung und Regierung der Welt. Das gläubige christliche Selbstbewußtsein und damit alle Theologie geschieht in diesem *ordo cognoscendi.*

b) Der Geist Gottes – die Mission

Der Geist Gottes ereignet die Vergegenwärtigung des Heilshandelns wie des Welthandelns Gottes. Das Wirken des Geistes tritt kontingent (unverfügbar) in die Welt ein. Es ist methodisch nicht festlegbar: »Der Geist weht, wo er will« (Joh 3,8). Der Geist kommt in seiner Kontingenz als »personhaft« Rufender und wirkt den Glauben. Glauben heißt hier: das Gottes Welt- und Heilshandeln anerkennende Grundvertrauen eines Menschen zu Gott. Diese Glaubensereignung des Geistes Gottes geschieht für jeden einzelnen als ganz bestimmtes Charisma (1.Kor 12; Röm 12): Das Grundvertrauen christlichen Glaubens hat in der Kontingenz des Geistwirkens seine ganz bestimmte individuierte Eigenart. Nur unter dieser Bestimmtheit des Geistwirkens, d. h. unter dieser Individuiertheit der Charismen kann die Universalität des Geistwirkens als Geistgemeinschaft oder als Gegenwart des Leibes Christi sachgemäß verstanden werden. Die Universalität des Geistwirkens heißt: »In einem Geist sind wir alle in einen Leib hinein getauft, wir seien Juden oder Griechen, Sklaven oder Freie« (1.Kor 12,13). Diese Universalität des Geistwirkens und seine Partikularität – das bestimmte Charisma jedes einzelnen Glaubens zu wirken – machen miteinander die spezifische Geistgemeinschaft als Kirche aus. Diese Geistgemeinschaft als »Leib Christi« wird durch die Unterschiedenheit der Begabungen seiner einzelnen »Organe« überhaupt erst möglich und besitzt an seinen verschiedenen »Organen« seine Lebendigkeit. Partikularität und Universalität des Geistwirkens bilden den »Leib Christi« – die Geistgemeinschaft – in den christlichen Gemeinden oder als die christliche Kirche.

Die Geistgemeinschaft der Kirche hat für unsere Frage nach der Handlungsbegründung der Kirche im Verhältnis zu den außerchristlichen Religionen grundlegende Bedeutung.

Um diese Bedeutung richtig einzuschätzen, gehen wir von den Thesen P. Tillichs zur Geistgemeinschaft aus. In diesen Thesen ist das Verhältnis der Religionen zum Christentum in viel beachteter Weise bestimmt. Die Geistgemeinschaft nämlich ist bei P. Tillich (Systematische Theologie III, 165–190) der Grund für die Idee von der latenten Kirche in allen Religionen. Tillich vertritt die Überzeugung, daß die Geistgemeinschaft – »die Gegenwart des göttlichen Geistes« – latent zu allen Zeiten in allen Religionen, aber seit Jesus dem Christus manifest im Christentum am Werke ist. Tillich behauptet dabei, daß der göttliche Geist in allen Religionen das »Neue Sein« antizipiert. Er meint, dies für die sogenannte »originale Mana-Religion« – was immer das auch sei – ebenso erweisen zu können, wie für die »Religionen der großen Mythologien« oder für »die asiatische und die europäische Mystik und den exklusiven Monotheismus des Judentums« (168f).

Der Anlaß für diese Meinung war Tillichs »Begegnung mit Gruppen außerhalb der organisierten Kirche«, bei der ihm deutlich wurde, »daß das Neue Sein … in ihnen lebendig war, obgleich sie sich dessen nicht bewußt waren«. Diese Gruppen waren: »die Jugendbewegung, pädagogische, künstlerische und politische Bewegungen und Einzelne ohne sichtbare Verbindung miteinander, in denen das Wirken des göttlichen Geistes fühlbar war« (180f). Diese Mitteilung zeigt, daß keine ernsthaften religionsvergleichenden Einsichten hinter den Thesen von der latenten Kirche in allen Religionen stehen.

Daher kann man mit den beiden »besonderen Kennzeichen«, in denen sich nach Tillich »die Gegenwart des göttlichen Geistes verrät« (166), nicht viel anfangen: Das eine Kennzeichen ist der Gebrauch »lebendiger Symbole in theoria und praxis«, in welchem sich die Offenheit für den göttlichen Geist ausdrücken soll. Dieses Kennzeichen ist darum schwierig, da der Gebrauch von Symbolen in dieser Frage eine rein formale Weise ist, in der Menschen Eindrücke, die ihre Umwelt vermittelt, ausdrücken. Das zweite Kennzeichen ist der Kampf gegen »Profanisierung und Dämonisierung dieser Symbole«. Auch dieses Kennzeichen ist rein formal. Die Symbole stehen offenbar zwischen dem Profanen und dem Transzendenten, lassen sich also in beiden Richtungen mißdeuten. Wie formal diese Charakteristik ist, das zeigt sich daran, daß Tillich diese Kennzeichen nicht nur in religiösen, sondern auch in anderen Gruppen findet, ja in aller Geschichte meint nachweisen zu können. Tillich meint, diese Geistgemeinschaft mache sich zumal in der alttestamentlichen Prophetie bemerkbar. Er nimmt also an, daß die alttestamentlichen Propheten den Jahweglauben im Sinne von Symbolen ausgedrückt hätten und daß sie diese Symbole gegen Profanisierung und Dämonisierung geschützt hätten. Diese Konkretion der sog. Kennzeichen der latenten Kirche ist schwer einzusehen. Etwas besser verstehen wir, wenn Tillich an dieser Stelle sich darauf bezieht, daß der Geist »in alle Geschichte in Form von Offenbarungserfahrungen mit erlösender und erneuernder Kraft« einbricht. Aber diese Überlegung läßt sich mit den formalen »Kennzeichen« nicht verbinden, muß also doch wohl noch anders gemeint sein.

Diese Überlegungen zu der Bedeutung der Geistgemeinschaft für das Verhältnis der christlichen Kirchen zu den außerchristlichen Religionen werden schwerlich als zureichender Grund für die Behauptung einer latenten Kirche in den Religionen angenommen werden können. Aber sie machen uns darauf aufmerksam, daß die Wirkung des Geistes Gottes nach dem Neuen Testament offenbar eine eminente Bedeutung für das Handeln der Kirchen in bezug auf die außerchristlichen Religionen hat.

Wenn wir die Aussagen über den Geist (den Parakleten) in den Abschiedsreden des Johannesevangeliums ansehen, so bemerken wir, daß es der Paraklet ist, der die Christen zu »Zeugen« macht (Joh 15,27). Der Geist ist es, der die Kirche in Bewegung setzt, über ihre Grenzen hinauszusehen und das Zeugnis auszubreiten. Mit dem Herabkommen des Geistes öffnet sich der Apostelkreis, und das Zeugnis von dem Gotteswerk in Jesu Kreuz und Auferstehung erschallt in allen Sprachen (Act 2). Dies ist aber nicht der Geist, der alle Zeit und an allen Orten »das Neue Sein« antizipiert, sondern es ist der Geist, der nach der Himmelfahrt Jesu zu der Jüngerschaft gekommen ist (vgl. Gal 4,6). Es ist der Geist, der seitdem die Verkündigung der Kirche sowie die Ordination der Prediger erfüllt, *ubi et quando visum est Deo* (wo und wann Gott will; CA 5). Wir haben es also in der Geistgemeinschaft der Kirche mit der Jesu Wort, Werk und Person verkündigenden, d. h. mit der missionierenden Kirche zu tun. Nicht eine latente Kirche, die überall und nirgends ist, tritt in der Geistgemeinschaft hervor, sondern die konkrete Kirche als *Mission*. Das Geschehen, das das Verhältnis der Kirche zu den nichtchristlichen Religionen bestimmt, ist der Einbruch des Geistes Gottes als Zeugenschaft der Kirche, von der Paulus 1. Kor 9,16 schreibt: »Wenn ich nämlich das Evangelium verkünde, so geschieht das nicht mir zum Ruhm. Vielmehr liegt eine Notwendigkeit auf mir! Wehe mir, wenn ich das Evangelium nicht verkünde«.

Der der Kirche geschenkte und in ihr wirksame Gottesgeist leitet sie dann auch zu der Erfüllung ihres umfassenden Auftrags an, nämlich durch die Verkündigung des Evangeliums und durch ihr Handeln in der Welt wirksam zu werden. Nur aus diesem Geist heraus kann sie sich der Verheißung und dem Anspruch stellen, »Salz der Erde« und »Licht der Welt« zu sein (Mt 5,13–16).

Nur aus diesem Geist heraus kann die Kirche sich an alle Völker der Erde wenden, um sie durch die Botschaft in die Jüngergemeinde Jesu Christi einzuladen (Mt 28, 18–20).

c) Das Wort Gottes – der Dialog

Das Thema oder der Inhalt des kontingent einbrechenden Geist-Ereignisses ist das Evangelium, d. h. die Botschaft von Jesu Wort, Werk und Person. Sie wird nicht mehr nur als »Kunde von fern vernommen« und bleibt nicht eine wirkungsgeschichtliche Entfaltung als Tradition – was sie ja auch alles ist – sondern akut betreffende Aktualität als präsente Herausforderung und Begabung. Das Wort, Werk und die Person dieses israelitischen Mannes wird einem Menschen plötzlich d. h. unvorhersehbar und nicht mehr methodisch erreichbar zur Gegenwart seines Gottes. Diese Gottesgegenwart bedeutet herausgefordert und begabt zu sein von der Nähe und mit der Nähe dessen, der meine Welt wie mich als mein Schöpfer – Richter wie Erlöser – umgibt und damit möglich macht. Sein Gottsein, das in Jesu Wort, Werk und Person Ereignis »war«, ist präsent als meine bestimmte eigene wie meiner Welt ganz konkrete Daseins-Möglichkeit. Daseins-Möglichkeit, das heißt Freiheit in den Zwängen welthafter wie selbsthafter Beschränktheiten und Untergänge. Die Begründung dieser Freiheit wird in der Ereignung Gottes als Jesu Wort, Werk und Person Wirklichkeit.

Die geheime Kraft und Vollmacht dieser Freiheit ist in der Worthaftigkeit der Gottes-Ereignung als Jesus von Nazareth angelegt. Jesus ereignet Gott für die Welt und die Welt für Gott. Jesus, den die hellenistische Gemeinde als den Logos praedizieren konnte, tut dies als Anrede und Herausforderung zur Nachfolge. Diese Anrede zwingt nicht, sondern setzt den anderen frei zur Nachfolge. Die Exousia (»Vollmacht«) des Wortes meint nicht eine zauberische Wirkung, sondern die Freisetzung zur Antwort. Die Worthaftigkeit der Anrede meint nicht »Sprechsaal« oder Diskussion, sondern Entbindung des Anderen zu seinem eigensten freien Handeln. Dieses Wort ist immer auch »Tat« (vgl. das hebräische *dabar*). Aber das Geschehen ist im Wort vermittelt und so als Einverständnis zu erfassen. Die Vollmacht dieses Wortes hängt an dem, der es sagte. Die Worthaftigkeit von Jesu Wort, Werk und Person ist inhaltlich bestimmbar und nicht formal. Ihr Inhalt ist die Ereignung der Zuwendung Gottes zur Welt: ihre Versöhnung also. Die Worthaftigkeit des Heilshandels Gottes an Israel und der Kirche, in deren Mitte der Crucifixus steht, hat ihre hohe Bedeutsamkeit für das Verhältnis des Christentums zu den Religionen der Welt.

Um diese Bedeutung richtig einzuschätzen, gehen wir wiederum von einem weit verbreiteten theologischen Lösungsvorschlag aus, und zwar orientieren wir uns an der berühmten These K. Rahners von dem »anonymen Christentum« in allen Religionen. Das II. Vaticanum hat in der dogmatischen Konstitution über die Kirche: *Lumen gentium* (Nr. 16) diese Frage mit der Tradition so entschieden, daß alle Menschen, die das Evangelium ohne Schuld nicht kennen, Gott aber mit ehrlichem Herzen suchen, das ewige Heil erlangen können. Ein Verweis auf Thomas von Aquin wie auf die *Praeparatio evangelica* des Eusebius von Cäsarea boten die Einordnung in die Tradition. Wie eine Begründung für diese Thesen sieht die Theorie Karl Rahners von dem sogenannten »anonymen Christentum« aus. K. Rahner versteht unter dem »anonymen Christentum« die für ihn unbestreitbare Annahme, daß das Heil aus oder in dem Glauben an Jesus Christus in allen nichtchristlichen Religionen »anonym« erfahren wird. Er kann in seinem »Grundkurs des Glaubens« auch sagen, daß die »Präsenz Christi in den nichtchristlichen Religionen«, »in der ganzen Heilsgeschichte und gegenüber allen Menschen vom Christen nicht geleugnet ... werden« kann (Grundkurs, 304). Dabei kommt den nichtchristlichen Religionen durchaus »eine positive Heilsfunktion« zu (ebd. 307). Damit ist das Verhältnis des Christentums zu den nichtchristlichen Religionen dogmatisch neu bestimmt. Den religionsgeschichtlichen Erweis erhofft Rahner von den Fachleuten (ebd. 312). Sie sollen zeigen, wie weit »diese Antizipation des absoluten Heilbringers« in den nichtchristlichen Religionen nachweisbar ist.

Von den Begründungslinien für diese dogmatische Annahme, die das gesamte theologische Denken Rahners auszeichnet und prägt, können wir hier nur die beiden entscheidenden Grundlagen-Gedanken erwähnen. Das eine Grundphänomen ist in der »transzendentalen Erfahrung« als Grundstruktur menschlichen Weltverstehens angezeigt. Rahner entwirft sein ganzes Denken von dem Modell eines im Menschen und seiner Erkenntnisfähigkeit gegebenen *a priori* aus, in dem das Subjekt »die reine Geöffnetheit für schlechthin alles« ist. Diese Transzendentalität ist »die Bedingung der Möglichkeit jedweder konkreten Erfahrung« (ebd. 31). Alle Erfahrung wird »transzendentale Erfahrung genannt«, denn die menschliche Grundstruktur ist ihre Bedingung. Der nächste Schritt ist schwieriger: »Die transzendentale Erfahrung ist die Erfahrung der Transzendenz«, weil in der Transzendenz die Struktur des Subjekts sowie die Struktur aller denkbaren

Gegenstände »in Identität gegeben ist« (ebd. 32, vgl. 45). Zu diesem Grundphänomen der transzendentalen Erfahrung ist nun zu zeigen, daß in dieser Erfahrung »ein anonymes und unthematisches Wissen von Gott gegeben ist«. Die »ungegenständliche Erhelltheit des Subjekts« – das ist seine Transzendentalität oder sein a priori geht nämlich »immer in der Transzendenz auf das heilige Geheimnis« (ebd. 32), in dem der, den wir Gott nennen, sich »schweigend dem Menschen zusagt«. Das Woraufhin aller Transzendentalität, die des Menschen »ursprüngliches Wesen als Subjekt und Person ausmacht«, ist also Gott. Damit ist diese Transzendentalität als die »notwendigste Bedingung der Möglichkeit allen geistigen Verstehens ... das einzige Selbstverständliche« (ebd. 33). Das im Menschen vorfindliche *a priori* – seine Transzendentalität – hat also die Transzendenz, d. h. Gott als «Identität» der Strukturen von Selbst und Welt in sich und kann sie vermitteln. Dies ist das Erste.

Das andere Grundphänomen ist, daß das Heil in Christus als *causa finalis* (»Zielgrund«) der ganzen Menschheitsgeschichte und ihrer Evolution vorhergeht und folgt. Die Heilsgeschichte geschieht nicht in dem engen Ereignisverlauf von Adam, Abraham, Mose, David zu Jesus und der Kirche. Die Menschen-Geschichte insgesamt ist auf Christus als ihre *causa finalis* gerichtet. Dies ist von Rahners Schüler A. Darlap eingehend begründet worden; die Transzendentalität des Menschen ist also »geschichtlich« (Mysterium Salutis, Band I, 117). Sie kann nicht ohne die allgemeine Geschichtlichkeit des Menschen gedacht werden und gehört zu ihr. Die Selbstmitteilung Gottes ist der »gesamten geistigen Geschichte der Menschheit und der Welt« koexistent, sagt Rahner (Grundkurs, 194). Diese ganze Welt und Menschengeschichte lebt von ihrer *causa finalis* Christus, in dem die Selbstmitteilung Gottes »irreversibel« wird. Insofern also das Heil in Christus auf alle Geschichte als ihre *causa finalis* bezogen ist, kann das Heil in den nichtchristlichen Religionen »antizipiert« werden.

Nach der Lehre K. Rahners sind also die Religionen zu allen Zeiten Wege zu dem einen Heil für alle Menschen in Jesu Christi Person, Wort und Werk. Die beiden Argumentationsstützen sind erstens das Kant nahestehende Postulat von der Transzendentalität menschlicher Welterfahrung, die ungebrochen für Gott erschlossen ist, und zweitens die evolutiv verlaufende eine Menschheitsgeschichte, deren *causa finalis* Christi Heil ist.

Die beiden Hauptgründe für Rahners Annahme, das Heil Christi sei in den außerchristlichen Religionen antizipiert und dieselben seien als »anonymes Christentum« ansprechbar, erweisen sich näherem Nachdenken als schwer tragbar. Der erste Grund, der das menschliche »Vermögen« der Transzendentalität mit der Präsenz Gottes identifiziert, setzt eine unversehrte *natura hominis* voraus. Der zweite Grund, von Christus als der *causa finalis* von Geschichte überhaupt zu sprechen, macht aus Jesu Geschichtlichkeit ein allgemeines Prinzip und bedroht damit spekulativ den Grund des Heils selbst.

Das von Rahner sogenannte »anonyme Christentum« erweist sich also als unhaltbar.

Es ist im Neuen Testament wie in der Kirche einmütiger Konsens, daß Jesu Wort, Werk und Person von Belang für »alle«, für die Menschen überhaupt oder für die Welt sind. Dabei geht es vor allem um das Gottesverhältnis des Menschen, das in und durch Jesu Wort, Werk und Person in »neuer«, d. h. in eschatologisch bedeutsamer Weise verändert erfahren bzw. geglaubt werden kann. Das heißt aber, daß Jesu Wort und Werk wie seine Person für die Religionen von zentraler Bedeutung sind, daß die Jüngerschaft Jesu und also die Kirche in ihrem Dasein »Stadt auf dem Berge« ist, die nicht verborgen bleiben kann. Das alles betrifft vor allem die Religionen der Welt, wie Jesus selbst sich unablässig in Auseinandersetzung mit dem Judentum seiner Zeit befand. Das Werk Jesu für die Welt – auch gerade der Religionen – vollzieht sich nicht anders als in dem freimachenden Ruf zur Glaubensannahme. Gott tut in Jesus und durch die Kirche sein Heilswerk an der Welt auch gerade der Religionen – indem er herausruft zur freien Annahme des Wortes vom Heil. Dies geschieht als Wort, aber auch im Wort.

Der Glaube an Gottes lebendige Wahrheit bzw. an den Gott, der selber die lebendige Wahrheit ist, ermöglicht eine eigentümliche Freiheit. So wie man in Gott nur bleibt, indem man nicht einfach in ihm bleibt, sondern sich den Mitmenschen zuwendet (vgl. den Schlußabschnitt von Luthers Traktat »Von der Freiheit eines Christenmenschen«, 1520, WA 7,38), also gerade in solchem Herausgehen aus Gott zu ihm gelangt, – ebenso nimmt der Christ die Wahrheit seines Glaubens in Anspruch, wenn er nicht einfach an ihr festhält, sondern sie im Gespräch mit anderen Religionen gleichsam aufs Spiel setzt und im Andersartigen neu wiederzufinden versucht. Nicht in unmittelbarer Behauptung der sog. »eigenen« Wahrheit, sondern im denkenden Sicheinlassen auf den anderen – gerade kraft ihrer – bewährt sie sich für ihn. Der Christ bleibt im Grund seiner Glaubensgewißheit nur, indem er ständig aus ihr herausgeht. Je freier er in seiner Wahrheit ist, desto machtvoller lebt sie in ihm und er von ihr.

Die Worthaftigkeit, in der die Botschaft Jesu als der Logos zu den außerchristlichen Religionen kommt und deren Logos zu uns, nennen wir Dialog. Ein Dialog, der zur Freiheit entbindet und keinen Zwang ausübt, weil er von der Liebe Gottes lebt – auch und gerade als Mission. Dieser Dialog, der die Worthaftigkeit zur Gestalt erhebt, lebt von der Ehrfurcht vor dem anderen, weil er aus der Liebe ist. Gleichmacherei ist nicht in diesem Dialog, denn er entspringt aus der Einheit im Unterschied. Der Dialog ist kein Palaver, sondern das Eingehen in die Vorverständnisse der anderes Glaubenden auf dem gemeinsamen Wege zur Wahrheit.

Der Christ führt dies Gespräch im Wissen darum,

- daß Gott selber die eine Wahrheit ist, aber als der Dreieinige nicht einfach allem andern nur gegenübersteht, sondern Unterschiede selbst lebendig in sich trägt und sie schöpferisch übergreift;
- daß mit den anderen Religionen auf den Christen Zeugnisse göttlichen Handelns und insofern echte Anfragen zukommen;
- daß ihm in den anderen Religionen nicht nur völlig Fremdes begegnet, sondern immer auch Verwandtes: Momente, Abschattungen und Gefährdungen seines eigenen Glaubens, sofern dieser aus der allgemeinen Religionsgeschichte herkommt und selber auch Religion, sakrale und kultische Praxis ist;
- daß ihm im andern die ernste Anfrage begegnet: ob er sein »Eigenes« tief und reich genug verstanden und intensiv genug von ihm sich hat durchdringen lassen. Denn der christliche Glaube ist immer weiter und mehr, als was wir bei uns davon zur Wirkung kommen lassen.

d) Gott, der Schöpfer – die Konvivenz

Gott als Heiliger Geist ruft das lebendige Zeugnis von Jesu Wort, Werk und Person hervor, das als Mission geschieht. Jesu Wort, Werk und Person trägt den Charakter der Worthaftigkeit, in dem Gottes Heil zur Welt kommt. Die Worthaftigkeit wird als Dialog wahrgenommen. In Jesu Wort aber wird der Vater-Gott verkündigt, der der Schöpfer und Regierer des Kosmos ist, der jeden Spatzen hütet und jede Lilie schmückt. Diesen Gott in seinem Handeln an der Welt als Natur und Geschichte vergegenwärtigt Jesus als den liebenden Vater. Von dem Welthandeln dieses Gottes also ist nun zu reden.

Zu diesem Welthandeln Gottes gehören auch und zumal die Religionen. Merkwürdig, daß diese Tatsache in den Besprechungen des Welthandelns Gottes fast niemals erscheint. Aber wie alle Ereignisse der Natur und Geschichte gehören die Religionen – das ist unbestreitbar – in das Welthandeln Gottes. Wie alles Schöpfungsgeschehen ist auch dieses Gotteshandeln – wie Act 17, 27 es sagt – darauf angelegt, »auf daß sie Gott suchten, ob sie ihn erfaßten und fänden«. Aber das tun die Menschen nicht. Vielmehr verehren sie die »unbekannten Götter« durch Opfer, als wenn Gott ihrer Gaben bedürfte. Oder wie Paulus Röm 1,23 sagt: Sie machen sich nach ihrem eigenen Ebenbilde Götter. Paulus schließt in Röm 1 von Gottes Schöpferhandeln auf die Religiosität, wie Act 17 von den griechischen Kulten direkt auf das Schöpferhandeln Gottes zugeht.

Der theozentrische Charakter dieser Erörterung kann erst richtig wahrgenommen werden, wenn wir uns mit den Thesen Paul Knitters (No other name? deutsch und gekürzt: Ein Gott – Viele Religionen), die sich mit einer theozentrischen Christologie als Grund einer neuen Erfassung der Vielheit der Religionen darstellen, befassen. Knitter geht davon aus, daß »die Pluralität« am Ende des 20. Jahrhunderts wie ein neuer Evolutionssprung, den er Teilhard de Chardin entnimmt, alle Lebensbereiche präge. Er entnimmt der neueren Philosophie, daß alles Werden nicht auf Einheit, sondern auf einen »einheitlichen Pluralismus« (unitive pluralism) zugehe. Das heißt eine »Pluralität, die Einheit konstituiert« (30). Das heißt für die Religionen, daß »die Anhänger der einen Religion ... in einem gewissen Ausmaß auch Anhänger anderer Religionen« (35) sein müssen. Dies ist mit dem Begriff einer »universalistischen religiösen Identität« (36) gemeint. Die Weltreligionen zeigen ihre Partizipation an der politisch-kulturellen Pluralität. So kann man sagen, daß alle Religionen »gleichermaßen gültig« sind (45). Dieses, meint Knitter, sei ein Kairos für das Christentum, an der Einheit darstellenden Pluralität der Religionen teilzunehmen.

Das wesentlich »Neue« an den Thesen Paul Knitters ist sein Versuch, durch den Erweis einer »theozentrischen Christologie« den Störfaktor der Einheit, Jesus von Nazareth, der als solcher die unübersehbare Eigenart christlichen Glaubens darstellt, zu beseitigen. Für Knitter ist nur ein katholisches Modell, das – wie er meint – die Religionen und das Christentum inklusiv sieht, diskutierbar. In einem solchen Modell soll die theozentrische Christologie darin bestehen, eine »relationale Einzigartigkeit Jesu« zu vertreten. Das heißt, daß in dieser Christologie bestätigt wird, »daß Jesus einzigartig ist«. Dies gilt aber mit »der Einschränkung«, daß. . . diese Einzigartigkeit sich ... zu anderen» (–ebenso–) «einzigartigen religiösen Gestalten in Beziehung zu treten, d. h. sie einzubeziehen und sich von ihnen einbeziehen zu lassen», in der Lage ist (103).

Das heißt christologisch, daß alle Inkarnation Gottes zwar in Jesus geschehen ist, daß Gott sich aber »dauernd« inkarniert. Knitter zitiert N. Pittenger zustimmend: »In der Tat, alles ist Inkarnation« (130). Da wären wir in dem beliebten Dämmerschein, in dem alle Katzen grau sind. Aber auch von der Auferstehung ist zu sagen, daß sie – selbst Mythos und Symbol – gleichsinnig wie von Jesus so auch von Buddha und anderen Religionsstiftern gilt (144ff). Er spiegelt damit eine katholische Tradition, die mit Inkarnation und Auferstehung das christologische Thema für beschrieben hält. Daß dieser Jesus der Gekreuzigte war, ist nicht zentral. Theozentrische – und das heißt für Knitter »nicht normative« – Christologie heißt also: Was in und als Jesu Wort, Werk und Person im Neuen Testament bezeugt wird, das ist gleichsinnig auch im Buddhismus, im Islam u. a. anzunehmen.

Paul Knitter nennt als einziges Ziel aller Religionen die großen Ideologien vom Ende des 20. Jahrhunderts: »Die Einheit der Menschheit zu fördern und die Gefahr der Weltzerstörung zu beseitigen« (159). Diese Zielangabe verkennt nicht nur das christliche, sondern ebenso das muslimische, hinduistische wie buddhistische Selbstverständnis. Religionen haben, solange sie Religionen sind, mehrere Ziele. Dieser Zielangabe korrespondiert die Angabe, »daß die Letztwirklichkeit ... die alle Religionen beseelt ... eine und dieselbe sein muß« (159). Dies ist an sich eine zutreffende Feststellung. Es gibt wirklich nur einen Gott. Aber Paul Knitter läßt sich das Erregende dieser Einsicht rauben, indem er diese Einheit auf eine bloße »Hypothese für den interreligiösen Dialog« reduziert. Die Religionen leben nicht von Hypothesen, sondern von Fakten! Es geht im Kontext der Religionen tatsächlich um den einen Grund ihrer aller in der Weltwirksamkeit Gottes.

Die Religionen sind nicht bloßer Ausdruck dämonischer Mächte, wie einige sagen. Der theozentrische Charakter der Religionen wird deutlich aus folgenden Fragen: Welche Mächte, Herrschaften und Kräfte in der Welt wären Gott nicht untertan? Von welchem Geschehen könnte man sagen, es wäre nicht sein Mummenschanz oder seine Larve in der Welt? Die Religionen sind wie alle öffentlichen und privaten Ereignisse aus Gottes schöpferischer Vollmacht hervorgegangen.

Damit gewinnen der Islam wie der Hinduismus wie andere Religionen einen neuen Beurteilungshintergrund. Auch durch sie handelt Gott an den Menschen. Gott ist ihnen nicht fern, wie allen menschlichen oder geschichtlichen Ereignissen. Man kann sie nicht einfach in Bausch und Bogen als menschliches Gemächte abtun, obwohl sie wie alles Geschichtliche daran teilhaben, daß der

Mensch immer wieder Bedingtes zum Unbedingten macht und somit dämonisiert. Auch in den Religionen und hinter ihnen taucht Gott in seinem Welthandeln auf mit dem Ziel, daß die Menschheit ihn findet. Gott steht mit seiner Gottheit im Zielpunkt aller Religionen, wie er ihren Ursprung fügt; zugleich verkehren die Menschen das Handeln Gottes nach ihrem Willen.

Diese Sicht der Religionen macht die Charakterisierung des Handlungsverhältnisses zwischen dem christlichen Glauben und den Religionen unter dem Stichwort der Konvivenz sinnvoll. Der Begriff der Konvivenz ist von Th. Sundermeier in die Erörterung des Verhaltens des Christentums zu den außerchristlichen Religionen eingeführt worden (Ök. Ex. heute. Bd. 1). Der Begriff stammt aus dem Bereich der lateinamerikanischen Befreiungspädagogik und – theologie. Was diese Bewegung ermöglichte, das war die Wahrnehmung der sozialen Wirklichkeit als Handlungsfeld Gottes. H. Brandt hat das auf die Formel von »der Entdeckung der Sakralität der Wirklichkeit« gebracht (H. Brandt, In der Nachfolge der Inkarnation oder: Das »Auftauchen Gottes« in Lateinamerika, 368). Man kann auch sagen, daß in dieser Bewegung einerseits die biblische Theologie der »Armen und Elenden« für konkrete Gegebenheiten unseres Lebens wieder lebendige Erfahrung wurde: Der Gott des Alten und Neuen Testamentes nimmt sich in besonderer und eigentümlicher Weise der Niedrigen und Verlorenen an. Andererseits ist in dieser Bewegung die geistliche Bedeutung der *humilitas*, wie sie z. B. Luther in seiner Römerbrief-Vorlesung in die Mitte christlichen Daseins rückte, neu erfaßt worden. Beide Seiten gehören zusammen und haben eine weit über ihre sozialethische Vordergründigkeit in die zentralen geistlichen Erfahrungen des Handelns dieses Gottes wie des Daseins vor diesem Gott führende Bedeutung. Die echte *humilitas* beim Handelnden angesichts der tiefen geistlichen Gewichtigkeit der »Armen und Elenden«, die uns »geschenkt« sind, macht das Zusammenleben aus.

Die Konvivenz bezeichnet die Handlungsweise gegenüber der als von Gottes Welthandeln umgriffenen oder auch erfüllten Weltwirklichkeit. Sundermeier hat die Konvivenz dreifach charakterisiert: als gegenseitige Hilfeleistung, als wechselseitiges Lernen und als gemeinsames Feiern. Die Grundlage dieser Gegenseitigkeit oder Wechselseitigkeit ist die *humilitas* gegenüber einer Wirklichkeit, die Gottes Handeln oder Gottes Nähe erfüllt. Wir sind als Christen gegenüber den anderen Religionen nicht die überlegenen Inhaber der Wahrheit. Das hat unsere Standortbegründung schon gezeigt. Die Religionen sind keine »Missionsobjekte«, sondern sie haben selbst Stimme, denn Gottes Welthandeln kommt in ihnen auf uns zu. In diesen Überlegungen ist die Notwendigkeit der sogenannten Indigenisation angelegt, die L. Boff jetzt als »neue Evangelisierung« anzeigt. Die Botschaft des Glaubens verharrt nicht in der Tradition der Verkündiger, sondern hört auf die Stimme der Hörer. Diese Tatsache schafft und charakterisiert die Gegenseitigkeit oder Wechselseitigkeit, um die es hier geht. Aus dieser Tatsache wächst eine neue »Ehrfurcht« vor den Religionen, die uns bescheidener macht. Aus diesem Miteinander speist sich die Konvivenz. Sie bezeichnet also die gemeinsame Gebeugtheit des christlichen Glaubens mit den Religionen unter das souveräne Handeln Gottes an ihnen allen. Diese Gemeinsamkeit schafft die Basis für gemeinsame Lebensvollzüge, indem wir einander helfen, voneinander lernen, füreinander Gottesdienste halten und beten. So können wir schließlich auch das sich Gott allein verdankende Leben gemeinsam feiern.

e) Vom Handeln der Kirchen

Das Handeln der christlichen Kirchen im Verhältnis zu den außerchristlichen Religionen haben wir als Mission, Dialog und Konvivenz bestimmen müssen. Wir haben diese drei Bestimmungen aus dem dreifachen Handeln Gottes als Heiliger Geist, als Jesus von Nazareth und als Schöpfer- und Regierer-Gott entfaltet. Die drei Bewegungen – Mission, Dialog und Konvivenz – sind aber tatsächlich ein zusammengehöriges Geschehen. Es gibt keine Mission ohne den Dialog und ohne die Konvivenz, wie der Dialog und die Konvivenz Mission sind: Die Jünger Jesu »sind« das »Salz der Erde« und das »Licht der Welt«. So sollten die christlichen Kirchen in all ihrem Tun nicht mit sich selbst befaßt oder auf sich selbst bezogen sein. Sie sind in aller menschlichen Gebrochenheit der geschichtliche Ort des Heilshandelns Gottes an der Welt, die Träger des Kommens Gottes zur Welt für die Welt. Nichts anderes geschieht in der Verkündigung des Wortes und in der Verwaltung der Sakramente als die Ansage und die Austeilung der Botschaft vom endzeitlichen Kommen Gottes zur Welt, das mit dem Wirken des Geistes im Schwange ist. Dazu sind Christen und dazu sind christliche Kirchen in der Welt: Mission, Dialog und Konvivenz.

Also – Mission, Dialog und Konvivenz sind nicht Funktionen der Kirche oder ihr Nutzen und Wert. Vielmehr ist das »Sein der Kirche selbst« Mission, Dialog und Konvivenz. Kirche geschieht als Mission, Dialog und Konvivenz, und nicht als Selbstpflege des eigenen Wahrheitsbesitzes um seiner selbst willen. Wo Mission, Dialog und Konvivenz nicht lebendig ausgreifendes Geschehen sind, da ist Kirche Jesu Christi nicht. Wo ausschließlich die Pflege des *corpus Christianum* im Blickfeld der Kirche liegt, stirbt Kirche ab. Die Religionen der Welt wie die neureligiösen Bewegungen gehören in das Blickfeld der Kirche. Hier vollzieht sich der Kampf Gottes um die Geister der Welt und die Seelen der Menschen. Die Religionen und neureligiösen Bewegungen sind der gewiesene Ort der Austeilung des Wortes in Mission, Dialog und Konvivenz. Der religiöse Aufbruch in aller Welt und zumal in Westeuropa sollte die Kirche in eine neue Bewegung als Mission, Dialog und Konvivenz versetzen, wodurch auch soziale Nöte, politische Probleme und weltwirtschaftliche Krisen als Herausforderung an die Kirche unabweisbar werden. Es ist eine Bewegung, die der Dringlichkeit entspricht, die Paulus zu seinen Reisen eilen ließ. Stets nämlich ist die Zeit auszukaufen, denn sie ist »kurz« (Kol 4,5; 1. Kor 7, 29).

Aber wie soll das geschehen, wenn wir eine Pfarrerschaft und Christen haben, bei denen vielfach die Kenntnis der Religionen und das Verständnis der neureligiösen Bewegungen nicht in ausreichendem Maße vorhanden sind und die deshalb häufig auch die Dringlichkeit der religiösen Weltstunde nicht einzuschätzen vermögen, in der wir leben? Diese Frage stellt sich sofort. Wir meinen nach eingehender Beratung, daß es darum einer grundsätzlichen Änderung der Ausbildung bedarf und empfehlen:

1. Eine qualifizierte theologische Ausbildung in exegetischen und systematischen Fächern muß gezielt eine ebenso solide reli-

gionswissenschaftliche Ausbildung unterstützen. Dabei sollte das Verständnis von Mission, Dialog und Konvivenz nicht nur auf missionswissenschaftliche, sondern auch auf praktisch-theologische und systematische Lehrkonzepte bezogen werden. Wir empfehlen außerdem, in die Anforderungen für das erste theologische Examen ausdrücklich die hier verhandelten Fragen einzubeziehen. Missions-bzw. Religionswissenschaft sollte wenigstens als Wahlprüfungsfach zugelassen und eine Seminararbeit in diesen Fächern bei der Meldung zum ersten Examen nachgewiesen werden. Die Landeskirchen müssen im Blick auf die Gemeindewirklichkeit an der Ausbildung in diesen Fächern lebhaftes Interesse zeigen.

2. Die Fortbildungsangebote in den ersten Amtsjahren und die Weiterbildungsprojekte der Landeskirchen insgesamt werden die hier angezeigten Veränderungen der multikulturellen und multireligiösen Gegenwart berücksichtigen müssen. Sie können aufbauen auf den Arbeitsergebnissen und Erfahrungen der landeskirchlichen Beauftragten für Weltanschauung und Sektenfragen und der Ev. Zentralstelle für Weltanschauungsfragen. Die genaue Wahrnehmung der neuen religiösen Zusammenhänge wird der Anfang sein, um die vorerwähnten Bewegungen vorzustellen und zu unterschiedlichen Formen des Gesprächs mit ihnen anleiten zu können.

3. Die Konsequenzen aus diesem Verständnis von Mission, Dialog und Konvivenz schließen eine neue Verbindlichkeit für den Gemeindeaufbau ein. Die missionarischen Kräfte der Ortsgemeinden müssen neu geweckt werden. Die Hör- und Sprachfähigkeit des Glaubens muß neu gelernt, die Formen des Zusammenlebens müssen sorgfältig erwogen und in jede der Konzeptionen von Gemeindeaufbau miteinbezogen werden.

4. Die Kirchenleitungen müssen stärker als bisher die Gemeinden auf die religiöse Situation der Gegenwart und ihre darin enthaltene Herausforderung aufmerksam machen. Angesichts dieser Aufgabe sollten die Gemeinden von ihren Kirchenleitungen intensiv begleitet und ermutigt werden.

Weder die Kirchenleitungen noch die Gemeinden dürfen der Meinung erliegen, die Aufgaben, die in Mission, Dialog und Konvivenz beschlossen liegen, seien damit erfüllt, daß Spezialisten und einzelne Gruppen in besonderer Situation sich ihrer annehmen. Vielmehr müssen Synoden und Kirchenleitungen bei allen Entscheidungen, die die Dimensionen von Mission, Dialog und Konvivenz im Blick haben, diese zur Geltung bringen. Christen sollten befähigt werden, daß ihr Leben angesichts unserer religiösen Umwelt deutlicher missionarische, dialogische und konviviale Züge annimmt.

Anhang

Glossar

Advaita-Philosophie: geht insbesondere auf Shankara (788–820 n. Chr.) zurück und lehrt eine nicht-dualistische Interpretation der Vedanta-Tradition im Hinduismus. Gelegentlich wird sie als monistische Weltanschauung interpretiert. »Nicht-Zweiheit« heißt: die Welt ist Schein. Höchste Realität besitzt nur das unvergängliche Absolute (Brahman) das mit dem individuellen Selbst (Atman) identisch ist. Alle Vielheit ist Illusion. Jeder muß seine Identität mit Gott erkennen.

Amida: chin.: Buddha Amitâbha. Er ist der Zentralbuddha der Schulen der japanischen Schulen des »Reinen Landes«. Der Amida-Buddhismus gilt als reine Gnadenreligion, wer den Namen Amidas anruft gelangt in sein Paradies, ins »Land der Seligkeit« und zwar allein durch die »fremde Kraft« des Buddha.

Avatara: »Herabkunft« (Sanskrit) bezeichnet im Hinduismus die Erscheinungen oder Verkörperungen der Götter. Im Neo-Hinduismus wird auch die Inkarnation Christi – zu Unrecht – damit gleichgesetzt. Von Bedeutung ist die in den Puranas überlieferte Vorstellung von insgesamt zehn Inkorporationen des höchsten Gottes Vishnu; die 8. Avatara geschah in Gestalt des Gottes Krishna, die 9. Avatara war Buddha, die 10. ist die no ch ausstehende messianische Avatara. Die Hare-Krishna-Bewegung glaubt, sie sei in Caitanya (1486–1534) schon geschehen.

deuteronomistisches Geschichtswerk: Darstellung der Geschichte Israels bis zum Exil (587 v. Chr.); umfaßt die alttestamentlichen Bücher Josua bis 2. Könige, die eine gewisse sprachliche und theologische Nähe zum 5. Buch Mose (Deuteronomium) aufweisen.

ex cathedra: vom päpstlichen Stuhl, mit päpstlicher Vollmacht gesprochen, gelegentlich: »unfehlbar«.

endemisch: Bezeichnung für nur in bestimmten Gegenden auftretende Krankheiten (im gegenüber zu epidemisch).

humilitas: Niedrigkeit, Demut.

Indigenisierung: Einheimischwerdung des Evangeliums, des christlichen Kultus und der christlichen Theologie in den Kirchen der Dritten Welt.

Inkarnation: Fleisch- bzw. Menschwerdung Gottes; in der christlichen Theologie auf Jesus Christus bezogen.

Ikonostase: dreitürige Bilderwand, die in orthodoxen Kirchen das Kirchenschiff vom Altarraum trennt.

konfuzianisch: Konfuzianismus: Konfuzius (Kung-tzu, 551- 479 v. Chr.), größter chinesischer Denker. Er gilt als Religionsstifter des Konfuzianismus. Er betont die ethischen Pflichten des Individuums innerhalb der menschlichen Beziehungen, die fest geordnet und unumstößlich sind.

Kondeszendenz: Herablassung Gottes.

Konvenienz: convenire (lat.) = zusammenkommen, meint mit Thomas von Aquin die Tatsache, daß alles Seiende untereinander »konvenient« ist, weil es im »Sein« zusammenkommt» und in ihm seinen Ursprung hat.

Die Konvenienz am Sein heißt, daß die Religionen in ihrem Zentrum bezogen sind auf das Hervortreten eines Gottes. Das begründet die Unterschiedenheit, ermöglicht auch das Gespräch und den Vergleich.

Konvivenz: convivere (lat.) =zusammenleben: Als »convivência« (portugies.) bezeichnen die kirchlichen Basisgemeinden in Brasilien ihr Gemeindeleben, das seinen Ausdruck in gegenseitiger Hilfe, gemeinsamen Lernen und Feiern findet.

Schamane: Mittler zwischen der übernatürlichen, göttlichen Welt und den Menschen, u.a. bei den zentral- asiatischen und sibirischen Völkern anzutreffen.

Sharia: das im Koran und der islam. Überlieferung festgelegte Gesetz, das das gesamte Leben regelt.

shintoistisch: Shintoismus: traditionale japan. Religion, in deren Zentrum die Verehrung der Ahnen und der Naturkäfte steht und die eine Bindung mit der kaiserl. Dynastie eingegangen ist.

Shiwa: der »Gnädige« (Sanskrit); neben Vishnu die wichtigste Gottheit des Hinduismus, vornehmlich als Gott der Zerstörung verehrt.

Sikhs: von »Shishya« =Schüler (Sanskrit); Angehörige einer islamisch-hinduistischen Religionsgemeinschaft im Pandschab (nördl. Indien), die Hindus und Moslems auf der Grundlage eines bilderfreien Monotheismus zu einigen versucht.

Swami: »Lehrer« (Sanskrit), religiöser Lehrer (des Hinduismus)

tantrisch: Tantra; wörtl.: »Aufzug eines Gewebes«, »System«, Bewegung im Hinduismus und Buddhismus seit Mitte des 1. Jt. n.Chr., die

	sich auf ein System geheimer Lehren mit ritualistischem Charakter gründet.
taoistisch:	Taoismus; Lao-tse (604 v.Chr.) gilt als Begründer des philosophischen Taoismus, der auf der traditionalen chinesischen Religion (mit Ahnenkult und Geisterglauben) basiert; es geht um die Einordnung des Menschen in die Harmonie der Welt.
Temenos:	abgegrenzter heiliger (Tempel)bezirk im altgriechischen Kult.
Upanishaden:	»Danebensitzen« (Sanskrit); gehören wie die Veden (s. u.) zu den »shruti«, den geoffenbarten »Heiligen Schriften« des Hinduismus; Lehre von der Identität des höheren Selbst des Menschen (»Atman«) mit dem Selbst der Welt (»Brahman«)
Veden:	gehören zu den »shruti« (Heilige Schriften, s. Upanishaden), älteste religiöse Schriften des Hinduismus, die großen Opfervorschriften.
Yoga:	im engeren Sinne: indische Selbstbeherrschungs-, Meditations- und Kontemplationstechnik; im weiteren Sinne: eines der sechs orthodoxen Lehrsysteme des Hinduismus.
Yogi:	Yoga-Meister.

Bibliographische Angaben zur zitierten Literatur

Aagard, Johannes: The world-view/Cosmology of the New Religious Movements, in: Allan R. Brockway/J. Paul Rajashekar, New Religious Movements and the Churches. Report and papers of a consultation sponsored by the Lutheran World Federation and the World Council of Churches, Free University, Amsterdam, September 1986, Genf 1987, S. 39–59.

Barth, Karl: Kirchliche Dogmatik, Zürich 1932 ff.

Bonhoeffer, Dietrich: Ethik, München [7]1966.

Bonhoeffer, Dietrich: Widerstand und Ergebung, Neuausgabe (WEN), München 1977.

Brandt, Hermann: In der Nachfolge der Inkarnation oder: Das »Auftauchen Gottes« in Lateinamerika. Zum Verhältnis von Befreiungspädagogik und Befreiungstheologie, in: Zeitschrift für Theologie und Kirche, 78. Jahrgang 1981, S. 367–389.

Boff, Leonardo: Theologische und ekklesiologische Forderungen an eine neue Evangelisierung, ZMRW IV 1988.

Cicero, M. Tullius: De natura Deorum, München 1990.

Darlap, Adolf: Mysterium Salutis I. Band., Einsiedeln 1965.

Ferguson, Marilyn: Die sanfte Verschwörung. Persönliche und gesellschaftliche Transformation im Zeitalter des Wassermanns, Basel 1982.

Gottesdienst anläßlich einer Eheschließung zwischen einem evangelischen Christen und einem Nichtchristen, in: Agende für evangelisch-lutherische Kirchen und Gemeinden. Bd. III
Die Amtshandlungen, Teil 2: Die Trauung, Hannover 1988, S. 123–143, oder: Recht und Verlautbarungen der VELKD, Hannover 1988, Nr. 263–3.

Hummel, Reinhart: Kult statt Kirche, in: Günter Baadte/Anton Rauscher (Hg.), Neue Religiosität und säkulare Kultur, Graz/Wien/Köln 1988.

Knitter, Paul: No other name? New York 1985 (Deutsch und gekürzt: Ein Gott – Viele Religionen, München 1985).

Loth, Heinz J. u.a. (Hg.): Christentum im Spiegel der Weltreligion, Stuttgart 1978.

Mahmoody, Betty: Nicht ohne meine Tochter, Bergisch-Gladbach 1988.
Rahner, Karl: Grundkurs des Glaubens, Freiburg 1976.
Sudbrack, Josef: Religiöser Aufbruch oder neue Gnosis? in: Internationale Katholische Zeitschrift »Communio« 1980, S. 306–315.
Sundermeier, Theo: Religion, Religionen, in: Lexikon missionstheologischer Grundbegriffe, Berlin 1987, 411–422.
Sundermeier, Theo: Konvivenz als Grundstruktur ökumenischer Existenz heute, in: Ökumenische Existenz heute Bd. 1 (ÖEh 1), München 1986.
Tillich, Paul: Gesammelte Werke, Stuttgart 1959ff.
Wilber, Ken: Der glaubende Mensch. Die Suche nach Transzendenz, München 1988 (amerikan. Originalausgabe: A Sociable God, New York 1983).

Mitglieder der Arbeitsgruppe »Religiosität, Religionen und der christliche Glaube« der Vereinigten Evangelisch-Lutherischen Kirche Deutschlands (VELKD) und der Arnoldshainer Konferenz (AKf) 1985–1990

Professor Dr. Horst Balz, Bochum
Pastor Detlev Bendrath, Lübeck
Pastor Dr. Hans-Christoph Deppe, Wolfenbüttel
Oberkirchenrat Dr. Friedrich Hauschildt, Hannover
Oberkirchenrat Dr. Wilhelm Hüffmeier, Berlin
Pfarrer Dr. theol. habil. Reinhart Hummel, Stuttgart
Professor Dr. Christian Link, Bern
Landeskirchenrat Enno Obendiek, Düsseldorf
Professor D. Dr. Carl Heinz Ratschow, Marburg (Vorsitzender)
Professor Dr. Henning Graf Reventlow, Bochum
Professor Dr. Joachim Ringleben, Göttingen
Professor Dr. Theo Sundermeier, Heidelberg (Vorsitzender)
Studiendirektor D. Martin Stöhr, Siegen
Pfarrerin Dr. Dorothea Vorländer, München
Professor Dr. Herwig Wagner, Neuendettelsau

Gäste
Pastor Thomas Gandow, Berlin
Pastor Gerd Jasper, Wuppertal
Pastor Friedrich-Wilhelm Haack, München (1991 verstorben)